浙江潮第參期目錄

癸卯三月二十日

浙江潮第三期

目錄

本會調查部緊要廣告

一調查部章程第十三節於省城設立受函總所于府城設立受函分所凡一府內函件寄交受函分所更由分所寄交總所交日本郵便局直寄本部願自行寄與囑託人者聽云云現以周折太多致多窒礙每府設立分所一例廢止不行各府縣如有熱心志士願擔任調查者請將大稿徑寄杭州省城總受函處較爲直截

一省城總受函處暫託汪君曼鋒經理寄信由萬安橋白話報館轉交汪君不至有誤

一承杭州傅君惠寄稿件並允擔任調查事來書誠誠懇懇曲諒本部籌費困難不願津貼信資并不願收受例贈雜誌實屬好義急公至爲欽服惟擔任調查員敬贈全年雜誌一份本不敢云酬謝不過藉表同情除囑總代派所仍行照例移贈外合贅數語以誌高誼

一近頃以來內地寄稿甚多良可感佩惟稍嫌於調查體例不合頗有似日報新聞者故未能悉數刊登有辜盛意幸蒙恕宥

◉調查部徵事特別廣告

啓者本部成立後內地會員投寄稿者絡繹不絕同人良深感謝惟來稿均仿新聞之例與本部調查章程多有未合或且枝枝節節未成片段此非敢爲內地會員咎然本誌剏辦伊始原係注重此門今若此心滋慊矣今擬於本部會員仍隨時寄稿外添設徵事一門亦以補採輯所未建也例如左

一命題◎◎

- (1)人民之營業及生計
  - 某府社會上最重業何種●●●
    - 某業組織若何
    - 某品出省某品出口
    - 某品出省出口由何地
    - 外品輸入者有幾種
    - 每業歲得利之中數
    - 每業得息歷歲比較表
  - 某府民間生力若何
    - 某地歲需米若干
    - 是地出米若干輸入米若干
    - 是地兼食雜糧否
    - 壚蔬大概情形
    - 布物大概情形
- (2)絲茶種種內情及現象
  - 絲例 ▲每府歲種桑若干地○某地以繭某地以絲○歲得絲繭中數若干○近年絲繭輸出比較表○所銷處何地○養蠶法○新舊法比較成色表
  - 茶例 種茶何地○何地爲多○每地歲出若干○近來輸出比較表○所銷處何地○製茶法

(3) 學校（私立／官立）
- 管理人及教習辦事人之姓氏爵里
- 設立年月表
- 校用經費何出
- 校內科目若干
- 校用何課本
- 生徒實數若干

(4) 報紙銷行之多寡數并歷年比較
- 某地銷何種報紙
- 每種銷若干
- 受銷者爲何種社會
- 某地銷報歷年比較表

二○分等○

(1)
特別例○能述全省人民營業生計而又詳盡者屬之
甲等例○以能述一府而又詳盡者屬此等
乙等次之丙等又次之

(2)
特別例○以能述兩種而又詳盡者屬之
甲等例○各以一種而能詳盡者爲及格
乙等次之丙等又次之

(3)
特別例○以能如題例而又詳及各學校腐敗改良之眞相者屬之
甲等例○能如題例
乙等次之丙等又次之

(4)
甲等例○須以全省或過半爲合例
乙等次之丙等又次之

三◎謝◎金

(1)凡屬特別例者本部當有極優等之報答
甲等十元〇乙等五元〇丙等酬全年雜誌一分

(2)特別例同前
甲等八元〇乙等四元〇丙等酬全年雜誌一分

(3)特別例同前
甲等八元〇乙等四元〇丙等酬全年雜誌一分

(4)甲等五元〇乙等酬全年雜誌一分〇丙等酬雜誌半年

●注　意

一、如有寄稿杭州以杭州白話報館爲總受函處上海以中外日報館爲總受函處日本則暫設於東京神田駿河臺鈴木町十八番淸國留學生會館

一、凡寄稿有及格者本部例將等第登入雜誌並即附登上海日報以便周知

一、凡某稿既已入選即由本部寄給受金據于寄稿人由寄稿人向所交涉之總受函處持據支取謝金

一、如有惠寄稿件須註明寄稿人姓名住址無論入選與否原稿概不璧還

浙江同鄉會調查部總幹事白

本誌之體例

一本誌每冊以**八萬字**爲率所載各類及子目每期未能全登然一冊中至少必在**十六門**以上

一本誌月出一冊用洋式裝訂每冊定價**大洋三角**定閱全年十二冊**三圓二角**半年六冊**一圓七角**外埠酌加郵費

一本誌於癸卯正月二十日發行首期嗣後每逢**二十日發行**著爲例

一本誌以**杭州萬安橋白話報館**及**上海永記書報代派處**爲**總代派所**

一有願爲本誌**代派者**以二成酬勞函告本社自當按期寄送函寄日本東京神田區駿河臺鈴木町十八番支那留學生會館轉交浙江同鄉會雜誌部

一欲購本誌須先繳費後寄書代派所於本誌既出**第二期**後應將購閱定閱等費一律收齊彙寄本社否則一概停寄仍追取前費

杭州安定學堂癸卯年開課式

（東京並木活版所製）

是爲杭州胡氏私立安定學堂師生撮影。學生三十三人。冠洋式冠。服洋式衣。中國學堂無制服。疑此爲體操時服式。中國學堂。率不重體操。能體操有是是足喜矣。然學堂用制服。實爲今日中國教育界一大問題。官立學堂。肉食者難與遠謀。若私立者。則何所顧忌而不改革耶。圖中冠式。乃仿外洋自製。與日本學生冠差同。惟製不精。又無徽章。衣若袴則以襯裏者棉絮殊厚。故拳曲擁腫。不能有輕適便捷之致。過渡時代之服式。宜其然也。服式雖形質。然實爲精神所附麗。日本小學校及中學校學生。必衣校中制服。故挺身濶步。常躍然現尙武精神。及入大學校。服式得自由。乃輒衣吳服著木屐。或且赤足。或且裸下體。天寒則更揣雙手于懷。而兩袖舒張。如鷹翮然。形狀良可鄙笑。日人見中國人曳辮。輙任意揶揄。而實則彼國之服式。與中國人曳辮。其可笑同。服制之於人。顧不重乎哉。中國留學日本者。悉改裝服彼校中制服。其不薙辮者。少薙腦後髮。仍結三搭辮而挽之於前。髻之作螺形。穩於冠中。弗之見也。此不失本朝結辮之制。而服御起居殊便於處置辮髮之策。可謂老謀深算。雖旗籍學生不能異。中國學堂。顧何所顧忌而不仿傚耶。有自杭州來東京者。述安定學堂體操」學生衣冠盡西式。遙望之一若日本留學生也者。及近諦視之。或側面觀之。則腦後有一物焉。其形蜿蜒。疑爲蛇。豈蛇也耶。其象蒙茸。疑爲尾。豈尾也耶。嗚呼。此自順治元年下薙髮之令。迄今二百數十載。何人蔑有。何足異。異乎以洋服而有辮。以有辮而體操。鞦韆、鐵槓、平臺、木馬、手執。熟不覩辮如仇讎。辮之足以妨害體操。蓋幾乎動輒得咎。中國學堂。顧何所顧忌而不改革耶。薙辮之說。吾不敢昌言於今日之時代。少薙後腦髮。挽於前而髻之。宜若可爲也。安定學堂。能首先發難改革乎。吾爲安定祝。爲安定學生賀。

杭州放足會撮影

杭州調查會々員寄贈

（東京並木活版所製）

右杭州放足會會員攝影圖內僅三十餘人是日到會者共有八十餘人之多杭州第一次盛舉也此會迭次演說及章程辦法前已節登本誌二期三期調查會稿內玆不復述杭州風氣未開婦女更復何論玆會之起實肇源于仁和高氏高在杭素以慈善家名于時又復與杭紳相通應較之一介寒士經營擬造而未有一應者其難易不可以道里計近聞氏又頗熱心女學以爲放足會應舉之事當以女學爲起點否則此會雖成而不堅其鴻見卓識實有大過人者要知放足爲其眞切重要無可駁議之事上自官紳下逮士民無可反抗無可阻撓杭州女學正在初萌之時一加權抑便即解散其功其罪鄉人必能知之然使風止雨散乃令人談此事以爲欷歔感慨之資則夫己氏之罪蓋亦有不勝誅者敢誌此爲我鄉人涕泣以道之也本誌附識

社說

國魂篇（續第一期）

飛生

第四節　中國之國魂安在乎！　祖國主義

吾今有大怪不可解之一事欲以質之於我國民我國民歲必有祖宗之祀家必有祖宗之廟兒童上學必對祖宗而式禮父母妻子有病必禱祖宗而求祀若是乎世界尊祖之國民未有如我中國者也我國民以無子爲大戚而宗嗣之爭假子之排斥恒激烈勇猛不少假借若是乎血統觀念之强又未有如我中國者也

而奈何舉我祖所經營之國而忘之而奈何舉我祖所經營之國而坐視無數異族之佔我食我踐我嗚呼我國民其已矣彼黃帝夏禹湯武周孔之鬼嗚嗚而哭聲達於吾耳而我國民充如其不聞而猶靦然再拜其祖以爲孝曾謂尊祖之國民而如

社說

是曾謂血統觀念之强之國民而如是

祖國主義者何根於既往之感情發於將來之希望而昭之於民族的自覺心故使吾祖國之既往無榮譽之歷史偉大之事業則我國民之忘之也猶可言也雖然彼數萬里膏腴之地皆開之自一族之手當世界尚狉獉之世而我祖國已巍然出現文化學術發達四布洪水不足以爲禍大山不足以爲阻足跡所至動數萬里我祖宗果能建一大好民族的帝國而最富於勇往冒險之性質者也使吾民族將來無雄飛之資格獨立之希望則我國民之棄之也猶可言也雖然吾民族有其人有其地舉世界强國之要素若人若海若物產若氣候吾民族無一不備無一不可以自雄我祖宗果貽我極好之地位而望我以雄飛世界者也夫已往之感情則如此將來之希望又如彼而又以血統觀念之强尊祖風俗之久徒以土地過大民力太弱故民族的自覺心發達甚緩而今日者則又舉全球之風潮以相搏矣獅兮獅兮而尚不醒則吾終不能不竭全體之力以與爾一搏也

德意志何以雄飛於歐洲伊太利何以出現於世界曰祖國主義之鼓吹之效也雖

然祖國主義者發之自感情而感情不能以議論顯者也則不能不責其任於詩人吾遍搜古今名士之詩終不見有所謂「祖國之歌」者洞哉吾國竟無但丁其人哉雖然吾今敢爲誓言於此二十世紀中祖國主義而不入中國則已苟入中國未有不發達者也特以一主義之發達之次第必先感情而後條理中國將來不患感情之不發達而患其以感情用事而組織力薄弱使吾國民有復祖國之感情無建新國之能力則所謂祖國者終不過設之於理想不能見之實事嗟夫國民嗟夫國民不必怨異族之淩我辱我奚若而但問我國民之能有建國之意願及能力與否果其有焉則伊大利日耳曼雖亡而復存果其亡焉則印度波蘭雖昔爲强國而終見滅於人故曰國也者國民自守之非他人之所能干預者也

感情不能以理論顯所可言者厥惟條理條理奈何吾謂我祖國今日有死生存亡之大問題三曰道德問題曰統一問題曰自治問題吾輩苟擧此三問題而解決之則此三問題做到之日即我祖國出現之日也而不然者則永永沈淪萬劫不復神明之冑從此長辭世界矣

社說

道德問題

吾將效鄉先生正襟危坐以與諸君談性命諸君必曰迂哉吾不願聞吾將效哲學家窮高入微以與諸君談倫理諸君必曰異哉吾不能解吾非鄉先生非哲學家雖然吾今日欲與愛國志士論道德何以故則以道德爲中國將來第一大問題故道德之範圍廣矣吾今言道德吾不得不就其範圍一指定之彼夫殺身成仁一瞑不顧誠哉其道德之高尚矣雖然是豪傑之道德可以律己而不可以强諸人人者也辨情意識以言倫理言必奚若動必奚若誠哉其道德之精微也雖然是想像完全之道德可以望將來而不可以望現在者也吾所論者皆不在是吾惟舉今日國民無論何人何時何事有有是則存無是則亡萬不可缺之一種道德在非一人的而衆人的也非理想的而實際的也非完全的而單純的普通的也

自有國以來未有道德腐敗而其國能存者也吾中國道德之腐敗至今日而極矣舉其缺點一一數之以暢快我議論暢快誠暢快矣雖然吾不忍吾無心爲此故吾今日者只取其原因改革言之而不願隨波逐流以一頓痛罵了吾責任也

道德於何起起於人之有羣也邃初時代生活即道德也及文化稍進則有隨一羣組織之進化而變者如封建時代有封建時代之道德立憲時代有立憲時代之道德是也有隨一羣生活之進化而變者則如農業時代之道德與商工時代之道德是也故道德者隨羣而進化者也其進化之公例則由單簡而至于複雜由一人而至於羣治是已我中國入農業時代最早出農業時代最遲故家族政治圓滿發達而所謂道德者亦悉自家族發生然羣治日繁而道德仍局於一家族以內新道德不發生而社會上無一種要件以維持之故當少年一入世以後而奸僞之習即起(儒林外史之匡超人是其例也)吾謂中國向來有家族的道德無社會的國家的道德(孔子論道有實際的有哲學的性命之學屬於哲學其所謂實際者惟一孝字此不可不知)若農業時代最重家族此人羣進化之次第不可相强者也然今日者世界之大勢已由農業而進入於工商時代羣治之組織已一變家族而爲國家的吾中國不欲自存於世界則已不然則未有反抗此大勢而能濟者也故今日言道德所當開宗明義第一注意者在此點

社說

嗟乎。吾今言道德。吾不得不言破壞而駁之者耳。日本近來之道德說。咸嚣嚣言曰。吾中國若舊道德已去。新道德未來。則其時將何如。不知是乃讆言也。夫道德貴實際。吾中國又烏有所謂舊道德者。仁義禮智已爲八股虫蝕之空空。而今者并其郛郭而去之矣。吾請平心論之。今日之政府。其能與我國民相安於一日者。其孔子教忠之效耶。抑國民不自知其家國之關繫。而亦姑謀樂何憂無君也。吾中國自古以來。并未嘗有一種公衆之道德。不過隨天然之進化。以自成一種風俗耳。斷不能與日本較。彼日本固有所謂武士道者。焉實際的而非議論的也。日本道德之源泉也。自廢藩置縣。武士道廢。而日人慮失其尚武精神也。乃汲汲以舊道德新道德言。果如中國之所謂道德云者。則日本人譯倫理學書不下數百種。殆與我中國之理學書相埒矣。又烏有所謂新道德未來者耶。且當維新之際。福澤諭吉提物質主義。依科學以言道德。新島襄提精神主義。依宗教以言道德。而明治時代之新國民出焉。據物理學之公例。則無新道德必不足以破壞舊道德。猶不注水於杯中。則杯中之空氣永不能出也。中國之風俗積之數千年。其同化之强大幾莫與京。自非有德性堅定者鮮有不爲所融矣而言破壞之故今日者不必懼破壞實不能輕言破壞懼之而欲因循苟且以度日謀之而空鎗白手以求戰是皆義和團一流人物也當擧世昏濁之際而欲其進於文明必先有一種特別社會能握全羣之機關自成一種風俗此社會先動而後能漸及於全體若歐洲中世紀之敎會日本維新時之武士道是也今苟欲提倡道德終不可不賴是雖然我國無之也官社會勿論矣士社會雖有可乘之地位然性質薄弱不足以任艱險也農工商社會則智識大淺又不足與於是吾思之重思之今日之責任斷不能不歸於留學生留學生雖已失其機然失於前懲於後或有可救未可知也留學生乎吾有一言敬告吾儕今日者將挾其學挾其智挾其才挾其手段以救中國其學其才其智必足以救之然吾敢斷言曰中國吾輩所能救而且將亡於吾輩之手也吾儕欲以學以才以手段以智救中國吾儕之學之才有未至焉吾請擧一例彼英國牛津大學其學科猶是尋常也而彼獨能出偉人者何也其學風良而學生之道德力强也故雖有如天之學如海之才而其才其學之能及影響於中國與否則必視其道德力之强弱以爲衡及是

社說

時及是時有脩養道德之地位凡一人之基礎未立而四圍之風俗環攻之未有不危者也今既遠適異國舉向來之精神物質上之悪習慣一掃而空之而又以異國之感情日日刺擊於其腦是天設一境以脩養道德之地位矣凡提倡道德亦必隨學問才具而始立留學生有其學有其才所差者百尺竿頭僅此一點且內地之士聞留學生之一言一行無不拭目以俟是天又設一境以爲提倡道德之資格矣故今日者苟不就道德上着想則吾知留學生將來必將消滅於此二途二途維何曰委棄曰同化當初卒業時挾其萬里雄心心目中籌畫再籌畫曰吾回國將若何將若何及進入內地一挫而鈍再挫而折三挫而相與曰『中國事到底難辦』『中國一定亡了』學生學生幾頓接風酒已足令腦昏欲死則不知不覺以入於厭世派此一類也其機械心者則又將曰吾若何而運動人吾且屈心以謀之不知彼龐然大獅斷非一二氣力薄弱者可以轉動欲屈心以運動人未有不爲人所運動者也嗟乎彼卑鄙者不足道即稍高者知聲色貨利之可賤而翻舍之然不知尋常應酬談笑之中皆足消耗志氣於無形者也昔曾文正曰『君子之道莫大乎以忠誠爲

天下倡』然彼又曰『吾向飽更世故。參用機權。却把自己弄壞了。』吾輩入世有如是矣

一羣之道德與一身之道德相密切者也取一羣之道德而改善之當自一身始而一身之道德蓋亦受之自一羣者也故不得不就一羣之道德原因論之雖然凡研究羣治狀態所當着手者不外二途曰天然曰人爲天然如種類之遺傳性地理之感化力是也不可強者也苟人爲力強未有不能勝之者也吾今僅言其原因於人治者其大原有四。

(一)壓力太重故智力橫決入於奸僞也

(二)內競爭多外競爭少故戰伐之餘習於奴性也此關係于政治者

(三)無科學思想故組織薄弱而社會無整濟厚重之風也此關係於教育者

(四)無宗教思想故精神病日甚而社會無堅忍耐苦之風也

(一)道德腐敗於何起起於人羣相交以智巧也凡人之志必有所向而又隨其氣以轉氣剛者行直綫氣柔者行曲綫故威懾於上則不能向於上必循曲綫而橫決

入於邪擧其喩則如樹苟截其本則枝葉橫生矣則如行正路不通則入於邪徑矣孟德斯鳩曰專制政體以威力爲元氣共和政體以道德爲元氣蓋威力壓於上則民氣必柔柔則智巧決於下人之欲望誰不相若彼帝王之初得權力也旣悉以智巧矣以智得而以力治其初用一次未有不利者也利矣未有不復者也彼夫智者巧者富矣貴矣榮耀矣以標榜於社會社會安得不趨而入於此也故語驕諂之風何自起曰君位太尊而上以威懾下也奸僞之風何自起曰上以僞善馭下而精神相感於無形也凡專制政體之極弊未有不如是者也當是之時社會之習俗旣成雖有賢智者出必不能得志於社會而人將欺其愚而利用其智以僇之欺之故自非有大勇大智者出其智巧勝人十萬倍而不用不獨用德而得志則未有能濟者也雖然自三千年以來固未嘗有此人也此爲道德腐敗之第一因

吾中國歷史上有絕異於他國者一事則同種之戰爭多而異種之戰爭少是也戰爭而向外則社會公德心之發達必強而民氣必舒且伸戰爭而向內則社會之機械心發達必早而民氣必抑而柔吾觀中國各地凡經喪亂過多之地則其民性必

柔滑而巧何以故喪亂時之遺傳性使然也蓋戰爭既無大名義可以號召天下彼蚩蚩者孰去孰從終不知所決而當時率性徑行或死守一主義者必慘遭兵燹無疑也其所孑然僅存之遺民必具三種性質彼來則從彼此來則從此但求安靜無人不可以簞食壺漿迎之此習於奴者一也氣力凋殘其心中惟巧計一趨避法此習於巧僞者二也懾於威力迫於喪亂常汲汲顧影惟求得一日之安不論何事但求今日快樂即算志願已達此趨於柔媚者三也秉此三種性質一傳再傳遂牢不可拔而霸者又利用其機又從而鋤之煦之以爲快積之又久道德不可問矣此爲道德腐敗之第二因

吾中國民有最惡之性質一曰組織力薄弱而無規則思想是也凡世界無論如何極大極公平之題目苟一入無規則思想者之腦筋中未有不橫決而入於大禍者此吾攷之各種歷史而知者也無規則之原因何在則科學思想之不發達其首也凡人之有科學思想者其論事必條理其處事必精神周到其斷事必決絕其立身必整齊而厚重何以故蓋科學與一人之品性有密切之關係在焉吾舉其極淺者

社說

言之如幾何之論綫之長短此綫之較長彼綫也必有其所以長之之理不得其證雖明知其長不能言長也是蓋能使人之腦筋日趨於沈着一路非惟虛心浮氣者所不能道即氣力稍弱者亦未必能驟悟也故曰格致不精之國其政令多乖豈惟政令國民之品性繫焉彼歐洲偉人之出現總在二途曰宗教界（宗教界詳下節）曰科學界若噶蘇士若弗蘭克林舉其例亦不可勝數志士志士可以興矣吾國民組織觀察力之淺薄實皆職是之由故社會之風化日益頹喪芸芸者數萬萬人而食不知節睡不知時不必論其人之奚若而道德之腐敗已一目而即覩矣此爲道德腐敗之第三因

（未完）

論說

非省界

文詭

前月日內地某君致書浙江同鄉會憂省界之日厲慨乎言之某君亦浙產異地同心幽思相屬時吾文適成因命曰非省界某君讀之庶引爲同聲之哭與

某君來函載在本册切愛鄉人規勸交至吾爲之流涕惟函中備述似謂浙人負恃其衆駸駸乎有淩視一切之槪此則兩地內容不無隔膜非可爲內地志士咎吾雖百口又何能執塗人而告之爲浙人致辨雖然以浙江潮而有文曰非省界是亦可見浙人之用心矣

然此不足論桑梓父老其子弟親戚以求學故去家走異國留學生一部爲

論說

國人向來所最注目者固無待言夫望之愈切愛之愈摯則一言一事雖崇拜模倣之所不辭而留學生固以輸入文明為鄉里法自任者也今若此吾敢為內地人士正告曰留學生他事皆可采獨省界一端為愛國愛鄉者所當內外合圍攻而去之者也不幸而有海上之夫甘心逐臭是重吾留學生之罪而于愛國愛鄉兩無所當者矣

內地長老誘掖後進百端稱譽或浮其實自非有大不得已之心必不捃摭短長責備于我留學界此吾所敢斷言也今某君來函一字一淚言之淒然亦可見內地風謠不知留東學界如何決裂矣嗟嗟吾徒所學何事寧無以破國人之疑忍使長老親愛日日為吾輩焦心泣血耶

要之省界之風潮雖不若內地傳聞之甚而各執一愛鄉心之說為之假借此固有識者所為寒心也語有之「差毫釐失千里」同鄉會與省界自有天然不可混之性質世士乃比而同之假為口據老成之士投鼠忌器相與隱而不發過而為矯論之徒又欲并同鄉會而蹂躪之於乎同鄉會之在中

國亦數見不鮮至純正無疵者矣而流弊乃若此君子曰此省界之罪也省界何知此省界心之罪也烏得而是之烏得而是之廼爲之文其辭曰

夫生存競爭優勝劣敗自由平等開智合羣諸大家名哲之所倡導什百仁人義士之所濺血暴骨挺百死以力爭之者雖小子亦能言之我厭爲空文不屑道世界一般之大勢龍跳虎拏黑風昏雲挾民族帝國之二大主義振蕩衝礴泱泱莽莽高睨大談于七萬二千里橙球之上擇肥而噬旁若無人合者分之病者捂之出其狐狸豺狼之政策公理何存惟力是視於乎此又讀書之士所耳聞習見而不以爲奇者也我又不敢道雖然固自有說

我言一出必有怒之嘲之排之斥之唾之罵之詛之尼之而笑其愚而誚其戇而嗤其多事而摘其摸棱幾疑爲諸同鄉會之叛辭矣雖然我不敢謂無哀其心悲其言計其利害問其成敗條其得失決其禍福而聞聲而嘆同情而悲感嘅悽愴欷噓泣下投袂而起奮冠嚙誓一躍十丈揮涕沫喘汗相屬以挽此奔騰潰決之驚濤橫流者其人在也思之思之又重思之

迺敢怒目裂眦悍然發大不韙之言曰留學生可以回國矣留此何爲中國如因其有爲劊手者歟中國如狗其有爲狗屠者歟我青年諸子所日日辯論于長老先生細人小子之前著爲論述而假爲談柄者非合羣之說乎今敢曰是乃渙羣之原點也我青年諸子所日日鼓鑄精神矜磨志氣閉門風雪與古爲徒讀一書披一報憤從中來仰天耳熱者非文明排外之思想乎今又敢曰是乃野蠻排內之渠魁也夫以今日之中國今日之我青年諸子不幸而具此兩原質悲夫悲夫何脩而獲此雖然此非吾青年諸子之罪也

夫以我留學生八百餘人之社會無論其將來之實際如何即以今日之聲勢之名望固已彪彪炳炳光怪陸離發大光芒於海上或營一業焉或論一事焉履舄交錯脫帽握手戚戚私語意見發舒親昵如兒女子而越新歲逢令節大龍旗招搖於庭外隨風卷舒于蕭蕭日光之裏居者行者莫不嘖嘖稱道冀入其末座從而爲之奴而忽以兩詞遺之曰「將解散」「且排內」非譫妄病熱則必有一怪物焉存于其間而使我八百餘人之社會蒙此大惡名于世界也

此怪物唯何。吾更不能忍。吾直抉而出之曰。省界！省界!!省界!!!

雖然省界之名於吾青年諸子口舌筆墨之間未之前聞今乃突然不顧少見多怪張皇而珍重之曰省界省界吾知必不爲吾青年諸子所公認而反有厲其作俑等爲訛言者於乎何敢辭何敢辭雖然不自我始省界之名之議論久騰于海上報紙主其說者非老于我青年諸子之典故必不以此相誣謗也明矣吾嘗謂天下事每成反比例今人不少血氣之倫日日以自由平等之說放言高論於稠人廣坐毫無顧忌者吾知其決無是心決無是事省界之烈至人人避而不言則其重視此說而非自由平等之可以輕發諸口也又明矣省界哉省界哉吾不圖入人之深至于斯極也。

省界胎于庚辛之間。廣人「新廣東」出世。省界問題如花初萌。於時各省同鄉懇親會後先成立。承流嚮風遂遺其始。至今日而省界之名詞已定矣。來東土者浸淫渲染已成習慣。人人心中遂橫一大梗蒂。聞一議接一人遇一事談一語必首相叩曰。是何處人。何處人。雖以平日之舊交。兒童之昵友。必有一畫然不可合并之勢於乎。

此其尤大彰明較著者也至入其社會審其內容則陰霾沈沈戈矛森立要之無知愚賢不肖莫不捲入此陣雲之中

其賢者抱抑鬱不可訴之心俯仰自痛涕泗橫流夢寐猶警曰中國亡矣而留學之多數或醉或夢以酣以嬉委其責任不知今日爲何日此一二賢者之同化力又不能撼多數社會而一起之遂乃腐心無語靡書長號抒其孤憤發爲大不得已之言以爲中國之範圍亦大矣强中國强中國徒爲口頭禪語而究何益矣夫區劃小者令易行不惜一變其口聲爲後來告而鄉情之說又爲中國人流傳之習慣因勢而利導之出種種方法以激成進步使人人皆知吾身有不能狡脫之擔荷于是各省人任各省事互相對待而天然之和平競爭庶幾大開闢于無形之域萬派歸原不離自治於乎此省界之原理也賢者之用心也愛國之眞血點也對祖宗神靈兄弟姊妹而無愧色也而要非承流坿風之不肖孫子所得藉口

夢見此原理者能有幾人東京八百餘留學生今敢以大言調笑之其愚者忽于無意中得一新名詞乞兒敗絮沾沾自熳歸視其同學陰識而默數之分涇渭于一飲

食一書報之間至岸然不能假借彿然相抵曰汝浙人自有浙界吾楚人自有楚界又或一語言之微一嘲謔之細鬨然羣譁曰彼閩人辱吾粵人彼浙人謾吾吳人其色洶洶幾有號同鄉會訴冤之勢悲夫悲夫墻有茨不可掃也斷章取義我欲爲而輩大呼之

雖然此亦壩上兒戲而無與于得失之林者矣其執拗者廼以此爲無上之正宗朝含而夕吮之義形于辭色津津然若有餘味以爲我雖不分畛域其如人之不我容何遂乃執定方針百折不挫幾有相與終始之志此界彼畺舌鋒相抵衽席之上霜雪橫飛此其一流也

夫自辛壬之間尉厲游學明詔皇皇青衿之子挾希望來東洋者如鯽魚斯其人未必盡知公德之界說有任事之熱心而生長僵臥于游惰放棄畏避退縮之社會中飲食教海于盲師病姆之手一旦去鄉井走五千里之外固已皇皇然無所措手雖遇共同事業屛足不前然猶懼人之誚讓之而不見容于大衆也至有省界之說而他人不能以畏事苛之矣更有腐敗之積習辱國害羣靦然不以爲怪初猶懼人之

誚讓之而不見容于大衆也至有省界之說而他人不敢以非禮繩之矣吾觀各省同鄉會之掌故大都有勸善規惡之條然果有害羣之馬則其鄉人非啻不能沮止之糾正之而反爲之隱飾爲之寬諒大都以「畢竟是同省」之言了之蓋慮其見譏于鄰省也又或有天眞爛熳不染時風之子遇他人之急難俠骨奮發拔刀而起則其老于世故者從旁沮之曰『彼自有同省人爲之晝計安用公爲』而彼人之同省人或漠然罔覺或一鬨之後而此事逐寂然無聞（如陽歷正月一日聯隊湖北人某君爲日本兵官毆辱之事）其于全體之利害名譽曾不介意於乎謂非省界之說爲之厲歟

更有狷介之士處此陰風暗潮之不下一二知己抱爐私語論列是非未嘗不心知其意相與感慨而出門一步耳接目觸無可置辭嗒然而返枯槁若偶或于稠人廣座思抉其藩籬而破之瑟縮一二語而笑之以鼻者轟然如雷岌岌然且不容于其鄉社會拂衣自去于無人之地淚落如雨一挫而其說卒不見釆於其儔類遂乃結舌不語甘爲寒蟄每思抱書歸國結茅于深山窮巖不聞世事於乎此亦大丈夫不得已之一境也諺有之曰『各人自掃門前雪莫管他家瓦上霜』吾初聞其言而詬

之。吾今知爲此言者。蓋亦激于社會之惡感情而非無故矣。然今之抱此感者。雖君子猶或有之。此又其一流也

雖然。八百餘人中夫豈無熱心之士。奮身不顧。慨然以遠大自厲。不惜犧牲一切。皇皇然如有大不得已之勢。然觀其倡一議樹一策。莫不爲此社會之同化力所鼓鑄。所束縛而自限于一圈之中。循循大逵不敢踰越夫天下事有一重必有一輕而思想所集目光所注有一新奇之說則其固有之理想力反爲之末減我青年諸子非以國界種界爲吾中國之大防而挾有一定之目的不避辛苦而爭此一點者乎自省界之說起而國界種界反退處于若隱若現似有似無之間於乎此亦人人心中不能言不欲言之一境而無容深諱者矣斯弊也志士必不免焉此又其一流也吾知天下事有因必有果此因何始此果何終於乎我洒血淚以注之抑一因之起。又必有無數小因相爲轉徙相爲倚伏歧之又歧。極于無量無億。雖以造因之人。亦不知其何以至此而其終也及一彼一此。相牽相擠相混合極無量無億不可思議之因綜洩而爲一大毒吁可畏哉今已漸露其端倪矣吾知源遠而末益分變本加厲

而衝突搏噬于腥風血雨之下鬼瞰其庭天變其色殺人百萬妻子橫尸雖今思之猶爲悸汗於乎不幸而有此一境使後之脩方志編郡國者援筆而大書曰某時代數百靑年志士操戈同室終爲異族驅除於乎不幸而有此一境雖墮吾人于十層泥犂之下永滅其魂其能贖此業障否歟

雖然其以此爲空言歟幻想歟吾不能擧無量來刦之眞相以呈于今日之眼簾雖然古之識微君子往往據當世以推夫數十世之後如桴應鼓被髮歌野而知有辛之爲夷洩穢過朝而諷姬姜之不國處今日之世我今日猶儼然土地儼然人民通國士夫大聲號發起而營文明事業者走相屬自皮相觀之不可謂秦無人也而日人評我國者直致斬釘截鐵斲其幾年亡國幾年滅種而擧此昂然自負之數百輩一筆勾之廼曰咄嗟黃口何配擔當此事業悲夫悲夫吾人之眞面目其諸爲人所看破也與

然此不足羞也人情于所親之言則不甚留意兄弟相詬以爲習見不怪而他人有詈辱之者則勃然生同仇之心吾獨痛夫人將犁其庭墟其國奴其人滅其族以其

國爲巳成之殖民地以其人爲公同之運動器而夷然不顧從事于析家分產計較于米鹽瑣屑之末而以爲能事也吾人留學此邦時日不可謂不久矣凡所經營之事業不可謂不多矣雖以雛髮之兒莫不伏案終日丹鉛不離手而從事于繙譯之林出而語人曰吾爲輸入文明計也而報章雜誌皇皇然改良之告白大書特書更乃立會數十起要集百十人幾日幾日大會于某館某亭（留學生演說之大報告）字大如斗立于門外一室之內萬頭攢動數陳演解擊掌成雷而閱一報傳一言則磨拳摶踊相與拉雜怒叫曰『彼辱我彼辱我我必有辦法必有辦法』於乎此非我靑年諸君子之文明舉動歟吾讀一二黨會之條例大抵細針密縷秩序昭然某幹事某會計某招待某參議儼然一共和國之大政黨儼然一文明國之立憲體蓋常通夜不寢拊髀獨嘯曰中國之前途其有影響矣然吾聞省界之言從而觀諸隱微之地則又嗒然失色欷歔泣下曰悠悠蒼天彼何人斯悲夫悲夫吾知軒轅氏之鬼其終餒矣

悲夫悲夫此仁人義士之所不忍言者矣夫以如許之豪興如此之光陰于母國之

前途有影響與否所不敢知而乃產出一破懷國界之新分子日從而醞釀之於乎吾不能爲挾省界之說以自私者寬矣我青年諸子以爲大團体不能處合析而爲小團體不知以人格不完全之蚩蚩之衆雖一日一會兩人一羣亦不可得而終合也況以無量之舊積習惡根性充塞其間中人之資輙墮落于不知不覺之地而有立脚稍堅志趣大定之流亦不得不袖手旁觀不參一議於乎此東洋留學生一部所以來者愈衆愈不可收拾而亦吾青年諸子勞心苦思搜其病根而不得者也總之不於人格源頭着想而爲之淘汰爲之區劃雖倡議累千萬不能救橫流萬一省界者正與區分人格背道而馳者也

於是睪然遠思愀然獨叩以爲凡事之來蛇跡草灰必原於始省界何昉與殆亦昉自南北紛爭畫江淮以爲藩守之世矣然又攬中原古史典午以還胡塵犯闕神明之胄淪於江左而大風鑿齒之儔盜竊衣冠長淮以北灌爲蕭莽一時渡江名士痛種族之淪胥憤國防之破裂大呼索虜以淸望爲當時倡北方生息之倫不得不屛諸域外於乎此亦仁人君子所無可如何者矣雖然當時亦注重於國界種界耳初

未聞臥室之內門戶攸分同母之生休戚相沮如今日之甚也然以王謝諸大姓倡之自上而氏族之爭亘三百年而不息數典猶存通人齒冷此亦我青年諸子所不願聞之於今日而不屑引爲比例者矣

以地分黨又以宋明爲最烈毋乃假口於玆而欲上追前哲與然而宋之三黨明之三黨均以不令終口齒相觸斷斷不已其弊也乃至舍其本來之目的而專於門戶之爭絞一輩通人之血汗一事無成徒爲修史家添幾多材料後人憑弔未嘗不爲之歎息吾知又非吾青年諸子所欲聞而不屑引爲比例者矣

咄嗟乎歸休吾輩今日處何等世界擔何等責任我輩之行爲豈可徒供後來之歎息悲夫悲夫一失足成千古恨我欲爲我青年諸子哽咽而歌之

我青年諸子毋乃讀一二世界史誤解白人之民族主義而發聯邦之思想乎則我請鑒以古古希臘滅亡史我青年諸子寧不知之希臘之分爲數十國亦以其限於地理大山連亘無百里平原不得不畫疆分治耳其弊也雅典斯巴達率諸侯而鬥之轉相殘覆兩力交盡其極也不得不借重外人而非常之雄亞歷氏父子假平亂

論說

之名握其紐而一倒之而赫赫文明之偉族澌滅至於今不能復振我青年諸子試平心自問其能力有以愈於雅典斯巴達之民者乎此其尤大彰明較著者也

我青年諸子毋乃以印度波蘭之民處異族專制之下而瞢然不知分治遂以統一亡其國與則盍一觀其歷史印度社會之等級波蘭黨派之分歧何嘗不此界彼疆絲毫不容假借我青年諸子毋乃謂吾人之目的去其痲痺不仁之心而無踐踏淩夷之弊斯誠是矣斯誠是矣然亦理想則然耳

雖然弔印度之遺墟愴然泣下馳書數萬里謂中國必統于一王之下而後可治者此亦一人之言耳我青年諸子試平心靜氣一討中國之歷史之國體之風俗之地理還以問之今日何日而後知省界之分于分立統制之前途兩無當也

於乎滔滔今世來者何窮我青年諸子或以爲省界之分雖聖人不能變易然我不自量竊敢悍然駁之曰聞省界之名詞則通人疾首窮省界之流弊則志士灰心非故爲矯論也夫省自何始界自何終我三五之區宇聲明文化自北而南嬴秦以來鑿山通道浙閩滇黔之間文物彬彬始儕於上國夫以文野而論今東南大郡固最

駸然有執牛耳以號令一方之勢而神農伏羲之帝都已淪於灌木叢莽中不復知其故處矣界之分也分於昔與抑分于今與此其不通之說一也省何物與省何名與原以便專制之政體而利于刀筆吏之調查盤剝而劃爲區域耳初非發于人人心中之界限而有以名之也地征關稅某省幾百萬特別之捐某省幾百萬悲夫悲夫覇者利用此手段也久矣而吾人乃尸而奉之勿敢放棄亦從而分之曰若某省若某省使白晳人種果有瓜分之策則各就其勢力範圍畫疆而守吾不知諸子之鄉情又如何分別矣於乎人雖下愚何不識此此其不通之說又一也我嘗披中原立國以來之疆域沿革表自伏羲以至于今已不知凡幾易矣滄桑萬里今昔殊觀我中國僥倖有更張之一日此十八行省之位置從而大更動之亦意中事耳而諸子乃曰若某省若某省是今日先無遠志矣此其不通之說又一也滇黔之間有甌脫地坌出累千里簿籍不能詳我青年諸子以爲今日就風俗言語不甚相遠者畫而爲界使諸子處甌脫之地之民又將何如是我青年諸子于國內之地理猶茫無知悉此其不通之說又一也抑我青年諸子以爲言語者交通之機關若浙若閩若

粵相去過遠者有天然不能合併之勢不得不自守其言語習慣此說也吾幾無以難之雖然吾人今日持開通主義雖山澤之癯原居之叟猶將撼而起之使牢守諸君之主義則不相同者終無相通之一日而我胞我與等於异族之倫同爲隔絕矣局促一隅夏虫難語此其不通之說又一也

姑不問我四萬萬血氣之倫處漏舟之中其方針如何耶即以此數端而論省界之說雖極辯者不能自圓其說矣嗟我青年諸子其聽予一言

我青年諸子亦知自省界之說起而群疑衆侮以此爲吾人莫大之口實而排擠中傷之徒遂不惜出死力以陷之我非鄉曲委靡畏事之流也而於事究何裨矣而于事究何裨矣

吾頗聞今人有一二喜言破壞者我獨謂欲破壞法律界政治界教育界要不可不先破壞省界

然則同鄉會可以解散乎曰惡乎然請譬之社會一群之中有公群有私群政府其公也室家其私也教育與行政則責之官師湯藥與縫紉則仰之妻子不待智者而

知其故矣而況吾人遠游數千里客身异國或有疾痛顛連旅行瑣屑重以語言之不同風尙之攸异道路彳亍問者無人極蕭槭離家之感又況青年有志脫然孤行去父母之懷而履他人之國百無一鮮悵悵何之此非我鄉人之責而誰責與吾故謂省界者同鄉會之轉而失其眞者也破壞省界拔茅連茹幷同鄉會而去之、是又因噎廢食而其說之不可通者矣

於乎嘵嘵無已聞者欲睡。吾不敢多言已夫。破壞省界非可以流血斷脰爭也有建設斯有破壞矣建設誰何則拔省會之精華而建爲統一會。謹抒鄙忱略舉于後。鄉人達士或潤飾之。

一定名　曰中國本部統一會集留東各省人。以共除省界爲目的。

一辦法　要求各省會會員月集一次。子目分爲四部。

(甲)本會專爲中央統治機關不沾沾于一事之末。本會成立後或由各會員設立中央雜誌部圖書部海外敎育部（如豫備學校之類）本國全體調查部均爲本會發達之分子。

論說

（乙）本會力除省界故行尙善主義然注重國界又爲本會之特質舍中國本部人外他人不得攔入 前者江蘇同鄉會有日本人强欲入會再三譬解之始去此其一端餘可類推

（丙）本會成立後公舉通人製定吾母國愛國歌譜諧音節會日同聲歌之其趣味非可殫述果能盡善則行之各同鄉會必放一層異彩

（丁）個人之疾病醫藥或種種不便事情則仍由各省處置非本會之專責

夫區區表見非放言高論不能行之今日也又非譎誕詭異振駭流俗不能見於實事也引伸其利殆難更僕約而言之大要有四鄉人達士其諦聽之

一聚一省留學之靑年多至百餘人少至數十人核而言之必有其尤賢者亦必有其至不肖者以省分羣則不可合者亦强之使合而賢者反無以自見今行尙善主義則悉撮其菁英而爲一大社會如分金如淘沙光芒萬尋集於一室睡獅睡獅必將拏爪掘起一吼而驚凡馬矣且不肖者無所倚傍無所假借勢孤則變不得不革其故習以爭自洗濯龍鱗鳳翼攀附爲榮遂乃挾全社會而進于同化此其大利一也

一舉七八百人之內。非常奇桀之士。過其强半。此吾所敢斷言也。特以兩間阻隔。姓氏不出。而東見一鱗。西見一爪。勢分則解體。不足爲同鄉會之利益。而反埋沒於衆多社會之中。今設中央機關。來者必其一羣中之尤雄桀者明矣。英雄相遇。因得盡識當世之賢豪。後來雖散歸母國。則其精神呼吸千里相通。其影響其魄力爲何如。吾思至此。吾欲爲母國慷慨而歌。此其大利二也

一中央機關。建瓴而立。擴張其勢力線。挾風雷而走之。而黨會之各部。朝宗一尊。則雖太西文明國大政黨于其樞府。何以過之。其影響其魄力爲何如。此其大利三也。

一今日志士所束手無策者。則以一會既立。必有腐敗之徵。雖指天立誓。絞腦力以求改良。而墮落者不可復止。或慮本會縱倖成立。亦不過一譁而已。如河之下。前車可徵。雖然。此不足慮也。吾聞之陳言曰。甕牖不腐。流水不蠹。又曰。木必先腐而後虫生之。夫以賢賢相遇。精神相接。磨而愈潔。激而彌進。吾第恐其骨氣一揚。不能復制。有足破懦夫之膽者。何腐敗之有。何腐敗之有

論說

此特舉大概言之耳。而其利已如此。於乎相與作登高之呼而建此大奇功者誰乎嗟我鄉人嗟我同胞東方日矣毋旁觀毋冷笑而爲達者所呵

學術

七種

請看!!! 請看!!! 請看!!!

「譯書彙編」改名「政法學報」告白

本編自第二年第九期以來大加改良以著述爲主編譯爲副開學報之先聲冀縱繙譯時代進於學問獨立時代本編同人其力雖薄而其志極宏當蒙海內外讀者所共許惟是本編命名向取繙譯之義今內容既改體例一新未免使讀者有名實不符之感爰自癸卯年第一期起改名「**政法學報**」體例論著益加精善務使此報爲政法學界之燈吾國之學者及經世家均藉其光以爲研究實行之基礎他日政法學之發達及政法社會之改良進步以此報爲起點則同人實有無任厚望之意茲先將所有門類附錄於後讀者幸垂鑒焉

- 社說
- 論說
- 學術
  - (1)政治 (2)法律
  - (3)經濟 (4)歷史
  - (5)哲理
- 講演
- 訪問
- 雜纂
  - (1)政法片片錄 (2)警醒錄
  - (3)他山集 (4)歐美雁信
  - (5)其他小種
- 附錄(留學界)

發行所 譯書彙編社 東京駿河臺鈴木町十九番地

總經售處 上海開明書店

請看!!! 請看!!! 請看!!!

政法

法律概論

那子

法律者人類共同生活必要之條件也國家而無法律將不成爲國而人民之生命財產名譽岌岌焉且不可終日故國家與人民之於法律不可須臾離者也某來東土有年處他國法律之下嘗反復研究凡國家與人民之關係臣民與君主之承受個人與個人之交際其他一切羣細之事莫不有法以統之故有條序而不紊也蓋法律立而義務權利乃實行各守其義務各保其權利不相侵背而國家得享安寧之幸福雖然吾中國顧何如悲夫我國家法律之未完全未成立而猶嘵嘵然以守法名也覽二千年來之律例大都屬于刑法一部若神聖不可侵犯之憲法若民法若商法則闕然無聞焉雖其間隱然若有契約而無明定之法律無明定之法律則權利不分義務不清無權利義務則無責任無責任則人民不以國家爲重輕互相推諉互相放棄紛雜蕪亂百事不能舉而亡國之兆成矣

即以所有之法律而論之野蠻專橫偏畸不公者也有司從而舞弊胥吏從而弄文弊竇叢生蠻毒無狀當閉關鎖港之時以此壓制本國之奴隸人民猶可也今則內地開放矣各口通商矣外人豈肯受我野蠻之法律乎凡世界各國外人之所不屑受其治外法權者則曰至野蠻之國印度朝鮮其例也前者日本內地未雜居以前外人亦不受其治外法權日人深以爲恥乘甲午戰勝之榮竭力運動而後得之我中國其甘與印度朝鮮並立而不以爲可恥乎且外人不受我治外法權非享特別之權利即用本國之法律於是惹起種種之問題以刑律論我國之律較他國爲重我國民與外人交訟我國民受外人之裁判而外人不受我之裁判也其不平等者一同一罪也我國民則受刑重非我國民則受刑輕其不平等者二不特外人有特別之權也又同一國民而教民與良民異教民訟之則直良民訟之則曲教民之受罪也輕良民之受罪也重其不平等者三有此不平等三我國民何能隱忍乎於是憤激不平迫而爲排外之思想之舉動焚教堂殺教民庚子之禍震動全球其原動力未始不由此起點也由是而爲城下之盟由是而割地由是而償鉅款又由是而

國家之主權盡喪失也嗚呼國若此其成爲國否乎

吾將以是責之我國民也煌煌乎四萬萬之華胄其數不可爲不衆矣何其法律思想之薄弱如此也設問吾輩所凜然服從之法律者其皆出于我四萬萬人之同意乎抑皆經我四萬萬人之所贊成者乎夫文明國之所謂法律皆經其國人民之公認或由人民創議而求全體之同意或由政府提出而經國民之贊成斷非以一二人之私見任意而成立也我中國之法律則異是所謂法者無不出于在上者一人之手而人民無從顧問也即此一人所定之法律而又朝令暮改時行時廢反覆無常任意爲之是不啻我四萬萬民族之生命財產名譽之種種權任一人操之而縱之也設使操此權者無故下一令曰某可殺某之財產可收沒某之名譽可剝奪而吾民無如之何也生命任其殘殺矣財產任其沒收矣名譽任其剝奪矣吾不解吾民甘受此野蠻暴虐之法律而不思反抗以顚覆之也方且晏安耽樂于野蠻自由之下吾非敢謂自由之不當愛也然所貴乎精神之自由而不尙乎身體之自由也乃吾民徒知身體之自由無公共心無自治力嗜利無恥乘便營私苟於我之權利

無所損雖舉全國人之生命財產名譽剝削之而亦不顧苟一日之私利可保雖盡百年壓制之而不惜甚者假政府之威力以傾軋同類爲異族之奴隸以凌夷同種嗚呼我四萬萬人之中若此者不知凡幾也此乃指其最下等者言之也其上等者自命文明自由平等之聲不絕于口文明野蠻之辭不絕于筆其心則極野蠻極專制徒知藉公共自由之名以謀其自私之實逞個人無法律之自由以侵他人之權利若稍繩以公共之法律則悍然而不能受乃至放蕩踰閑名譽敗裂爲他人所唾罵所不齒乃至挾一己之私見以阻碍全局因一人之私憤而破壞團體嗚呼我中國今日之勢亟矣白人併吞之期迫矣大厦將傾危在旦夕我而甘受他族之烹宰也斯亦已矣不然宜振興獨立以自尊愛守公共之法律互相提携互相防衛互相救恤互相聯合結鞏固之團體以與白人相角逐而不然者委靡腐敗相殘殺相攻擊致受他人以釁隙無亦我國民之不知自愛也孟子曰夫人必自侮而後人侮之語曰物必自腐也而後蟲生之外侮之來由我自取嗚呼吾國民思此其亦勃然興起矣

然則我國家之欲獨立也則自立法始設法典調查會立議院布憲法而與人民以參與政治法律之權吾國民之欲全人格而參與法律之權也則自守法始研究各法之原理調查各國之法例以草我國家法律之草案而求國民之同情某游學他邦畧攻法律學薄才踈而又不文雖然覺後覺者國民之義務也請述法律之起源」

法律烏乎起起于利已利他二心凡人生于世必先知有已乃知有人乃知有同胞乃知有外界故凡吾人個人的運動皆對于外界而爲之也飢則求食渴則求飲貧賤則思富貴愚暗則希賢明所謂利已心者是也即人之原始的原動力也由此利已心而生種種之欲望欲充其欲望而爲種種之行爲人性果善而無惡歟抑無善而無惡歟吾不得而名之要其充滿欲望之心則盡人皆同也雖然人人而欲充滿其欲望則不至于互相衝突不止於是不得不設一圍範以劃定其界限我毋爾詐爾毋我虞故同等之人常互相退讓而得保護欲望而免其衝突焉雖然人之能力不能相齊也有賢愚之別强弱之分愚固不可以匹賢弱固不可以敵强自然之勢也於是第二之原動力起

人之性非單獨孤立喜排斥一切之同類以生活者也推其利己之感情以及于人所謂利他心是也即人類原始的第二之原動力也小言之由家庭推之一鄉即爲愛鄉心推及團體即爲公共心大言之推于國家即爲愛國心推及天下即爲博愛心故人之成家族成村邑成種族的團體成國家以至于成法律無不由此二心發其端也

以上二種之原動力擴充于人事之方面則利己心之所趨必至于衝突而戰鬭而成排外思想利他心之所趨必調停而平和而成內外平等思想故利己心火也所到之處無不焚利他心水也所遇之處無不濕有調停而後有戰鬭有戰鬭而後有平和世運之變遷如環之旋轉而不已也

由前之說即成法律之關係由後之說即成道德之關係羅馬法律家倭爾比亞斯之言曰法律學者似人事及神事之智識正不正之學問也斯言也以法律宗教道德混同爲一駁之者甚衆雖然以今日之法律觀念而推當時之學說其說固不足爲據盖原始社會之時宗教道德法律之區別不清明焉其後社會發達法律隨之

而進焉

抑法律何物乎法律之定義西方學者紛紛聚訟而其說不一吾人就其最無流弊者而言之。

法律者以國家之權力强制之而使人民不得不遵守之規則者也。

更將此定義分析解明于下。

(一)法律者規則者也　規則者、凡事之原因結果有一定不移方法之謂如地球上之物體上下無障礙勢必墮落于中心如水從方圓由高流下如事之契約不得不履行若怠于履行則有損害賠償之責是也。

(二)法律者有强制之原素者也　强制之義頗渾而不明以廣義解之則剝奪自由意思之謂然則道德者亦可謂其有强制之原素矣何者吾人之良心亦必有道德以規則之使不得逞其自由者也職廣義以解之豈非亦强制者乎蓋法律所謂强制者指外形上强制之謂外形之强制者何若商業之爲登記婚姻而履行方式之類此說倡于英國法學者倭斯欽氏而反對者甚多或以歷史之事實駁之或引法

律條例駁之夫法律條例之中或有一二條文不具强制之意然不能據以爲法律之要素非强制也設使見無耳目口鼻之人執此人以定人之要素謂無耳目口鼻得乎

(三)法律者共同團體之權力者之命令也　凡人類基生理的之組織必與他人共同爲生活而人人之體力腕力智力各不齊若使擅用其固有之力以侵害他人則力之强者必勝而力弱者遂爲强者之奴隸矣此人類共同團體之所深懼也是以維持其團體生存之條件爲必要以制限人人自由之能力夫能制限人人之能力使不平等者而平等豈非有非常之權力者乎其權力之發動也即謂命令故法律者權力者之命令也英人倭斯欽嘗言曰國即一獨立政治之團體主權部分與臣民部分而成立者也法律者其主權者對于臣民之命令也蓋主權者一團體之權力者之謂也是謂法律之定義

經濟

中國金融之前途

金融者金銀之融通也以金銀流通於市面之謂

無逸

金融者何實業之元素生計之胚胎也是故金融不敏捷則各實業之資財皆將成爲廢物而無可利用雖水有魚鹽陸有礦藏野有森林山有齒革黃金白璧充牣於堂黍稷稻粱彌漫於地而謂之富則富矣欲其據此天然之產物以橫行於地球則未也以未能利用此天然之資財也今者瀛笛一聲鼓浪而來者非東西洋之商船耶國旂招展滿載而歸者非東西洋之商船耶披海關之册籍一年之中出入於我支那海之帆船輪舳不知其幾千萬艇而此幾千萬艇中其鼓浪而來者未必載有珍禽異獸奇花瑤草我國所不易得之珍品也不過將我所素有之產物從而加工焉（如洋布大呢之屬）或我所本有而未曾發掘之時姑借彼以充一時之用耳（火油鑛物之屬）其滿載而歸者未必皆金銀貨幣也半屬我國之農產物（棉花毛羽絲茶之類）且有運至外洋一俟加工後轉而售於我國者夫以我所素有與

本有而未曾發掘及發掘而未能精製之物我何不自製之自散之而必待他人取而得之從而製之復輸而入之也舍予取予携之便而必仰給於人焉何我國人之不憚煩一至於是人雖至愚亦不至此說者曰是非不知自製自散之利無如工業之不發達何嗚呼工業之不發達遂至棄而不顧甘心讓人毋亦有類於因噎廢食矣且工業之不發達所難得者技師耳借材異地權宜一時厚幣以招之嚴約以馭之苟用之有道非不可行至工人則隨處皆是無所慮也不觀之甲午條約乎日人有內地設廠之請可知內地設廠之利且以知內地設廠之不患無工人也易地以觀日人設廠其所用之技師固屬日人所用之工人不猶是我國人耶以多數之工人當少數之技師共損益正未可知則何不設廠以抵制之或又曰設廠製造未始無人其如屢被損耗何予浙人當知浙事紡紗繅絲各廠設有年所紡紗則僅能支持未聞大利繅絲則屢瀕於危惟去年絲價大昂稍能敷衍然則設廠製造之說我國人固非無行之者而無如屢起屢蹶終不獲一顯頭角非工業不振之明証耶何子猶曉曉以設廠爲耶嗚呼言誠然矣其亦知斯非製品不良所致斯爲資本不足

所致耶。然則我國工廠之不興。固非獨工業之不發達。實爲金融之不流轉也。且實業家必以若干之資本而始能爲若干之營業。無流通之資本以輔助之周轉之。則雖西商不能支也。日本以貧國聞。而一觀其國內外之實業進出口之貨物。則不啻數倍於我。因而國中之生計。無論男女老幼。無不各有職業以營養之。雖出產無多。以至貧聞。而入其境。則瘡痍滿郊野。乞丐遍閭闠之苦況。尚不至如我國最富饒之江浙。其故何耶。以面積言。我國大日本三十倍。以人口言。日本僅少我國十倍。宜其艱於謀食之道遠過於我。而反易之。非金融完善之明驗耶」

且夫金融。非財富之謂也。出產甲他國。家貲擁巨萬。若是者謂之富。顧田園荒蕪。不事出產者無論矣。即刻意經營。而負郭之田。無肥料人工以播種之。雖良田千頃。無裨也。故不知金融。不足以致富。又況擁巨萬者。得以經營於巨萬之中。而不能經營於巨萬之外。且即沾沾於巨萬之中。而或周轉不靈。亦足使畢生之經營全然失敗。我浙胡氏以業絲起家。旋以業絲蹶躓。其前車也。金融家吸收全市之財富。爲全市之司命。朝貸於甲。夕貸於乙。猶是巨萬之資本。而朝甲夕乙。足當數十巨萬之用。而使全市之財富無須臾之空閑此金融不完備之時代所以市中之財富各自爲用而不能相濟金融完備之時代則全市之財富歸之數處或一處而任其轉移也金融非實業之元素耶

雖然侈口而語人曰金融金融金融第財富之流通耳不語人以金融之組織金融之機關而但贊賞金融之利人將疑吾說之誕矣夫吾固不欲以誕妄之言欺人也誠以金融之組織在票據(滙票期票之屬)金融之機關爲銀行我國固非不講求金融也即以我浙論固明明有銀號有票號有錢莊以充我浙之金融機關以備我浙之金融組織金融之不可不講亦幾盡人知之而亦何待吾言雖然我浙之金融組織能備與否姑置勿論第即所謂銀號票號錢莊者而反復思之其果足充我浙之金融機關耶其果足掌我浙之全省金融耶如以是等票號銀號錢莊而足爲我浙之金融機關焉則我浙金融之前途危如累卵矣

夫我浙背山面海十一府之中交通便利者僅甌甬兩江得行輪舟運河一水得駛小輪與民船而已他如金衢嚴處等府重山峻嶺往來不易雖蘭溪爲七省通衢在

昔異常繁茂而道路以陸通商以前行人相望今則閩粵安徽江西諸省俱已各開港口百物集散無俟經我蘭溪則蘭溪已不足爲商業地金融之完否可置勿論甌江雖有輪舟往來而鐵道未修流域狹隘出口之物固不甚多即進口之品亦不能廣行內地資本之需有限此時之金融尚不甚形緊要甯波則開港最早人亦習於商情當小輪未興之先外洋貨物有自甯紹以運至省會者宜其知金融之急於整理矣然其地多殷富財力充足故有源豐銀號以出納地丁釐稅及海關餉項有同和祥和廣和涵祥祥餘啓餘正餘瑞餘敦裕愼豐等二十餘錢莊以爲之流動而無票號此以知甯府之交易多現銀而少滙票也（甯俗市面向以冊相滙劃無票據蓋與現金相收付等）且是處商品除洋貨隨時進口外其所最重要之物產則爲棉花秋冬之中花市正盛金融亦忙若春季之茶市則爲數無多不足盡該處之財力故時時有餘金流於省會而無金融逼迫之慮省會出入較繁加之各處地丁俱由藩庫起解致於商業外別添一金融之波瀾而綜計其所謂金融機關者則除小本營業無裨實業之外有銀號八曰裕源曰開泰曰裕豐曰裕泰曰保泰曰和記曰源豐潤皆司藩庫地丁稅餉等之

出納。兼事商業上之融通。曰晉義。則司運庫之出納以兼事乎商業者也。之八號者。設立銀爐有鼓鑄寶銀之權。票號。一曰日昇昌。爲山西人所設專事滙劃欵項與八銀號爲省會金融機關之一大部分。營業之範圍最廣。然計其資本平均不越十萬。（日昇昌未悉）八銀號合計不越八十萬金。他如巨大之錢莊則有鼎記、元昌、鎮大、晉泰、瑞豐、鼎泰、惟康、阜生、惠恆、等平均不越五萬。即合之資本在三千以上三萬以下之各錢莊而計之。統省會之金融。亦不能滿三百萬現金。（存欵不計）夫以我浙之省會。市面加之全省之稅餉出入。而所藉以流通者曾不滿三百萬。幾以爲言之妄矣。使非言之妄也。則以三百萬之現金。而能使我浙省會成此繁昌之市面。恐眞知融金之道。而善於整理金融者。幾莫如我浙之各銀號、票號、錢莊。若何則春季夏初。絲茶開市之時。即以絲市論所需現金。已在二千萬上下。又況當時之並駕齊驅者別有茶市。其所需現金亦復不少。加之各業資本。雖不能同時兼顧。而亦不可絕無點綴。則我浙之金融。當斯時也。須數千萬。而我浙之金融家竟能以三百萬現金。維持之。將馨香禱祝之不遑。更何暇爲金融之前途危。而不知我浙省會之金融機關以平時論誠在各銀號票號錢莊以緊要之時論則不在我浙省會之銀號票號錢莊而在他處之銀號票號錢莊也而於是不得不爲我浙之金融前途危矣雖然使我浙省會之所仰給者僅在他處或他省之銀號票號錢莊也猶未足爲我中國金融之前途危也今試思之我浙省會之所仰給者非甯紹耶非滬上耶紹郡挹注無多甯波則皆出之殷富司之商賈爲我浙省會之絕大流動資本家而無如竭甯郡之力不能濟我省會之用則所恃爲大宗者仍不能不仰之於滬上夫滬上之流動資本豈皆出自滬上之銀號票號錢莊哉亦出之銀行耳此銀行者非中國通商銀行之謂也滙豐華俄正金等東西商人所設立之銀行之謂也然則我浙省會之銀號票號錢莊爲我浙省會之金融機關而滬上之銀號票號錢莊實司我浙省會之銀號票號錢莊之金融機關彼滙豐華俄正金等又爲滬上各銀號票號錢莊之金融總機關夫至以他國之銀行爲我國金融之總機關我國之金融其眞危矣誠思外商擁有厚貲無論其故爲挾制也即令不爲挾制而使我國物產成熟之之時彼之貲財被彼同國之商人先行貸去而即以此貸得之欵作爲購我國物產

之用我之實業家恐已不能久待有貶價求售之勢況當此多故之時一旦有事全國金融盡爲所困而我既任彼扼我之吭而我自不得不飲彼之刄矣思念及此危乎不危。

然而我國之人不悟也。謂以我國之大豈二三銀行所能掣肘。而不知充彼銀行之量固不僅現有之金銀爲足困我也。即一葉紙書亦足以代金銀之用。不觀之滙豐華俄等鈔票乎。初行之於上海等處。繼及內地。昨冬以來至我浙矣。鴆酒止渴。漏脯充飢。苟延一時。未始不可。而其後必至貽以大患。朝鮮之禁用日本第一銀行期票。幾釀巨釁。其明證也。外國貨幣行之於通商口岸。猶有可言。若內地則一國自有一國之貨幣。豈他國者所能代用。且此爲國中內政。非他國所能干預。乃朝鮮不用日本第一銀行期票。（如錢莊家之期票等）而日使竟至勒令收回詔書。改去法令。喪失國體。莫此爲甚。當朝鮮准日本第一銀行行使票據時。當亦料不到此。今以擬設國立銀行。故欲令日本之第一銀行廢去票據。竟至受此奇辱。利之所在。人必爭之。我國之金融界中。行使外國銀行之鈔票者。其亦曾計及此否。且我國商賈。以他省之銀圓通用。每每有貼水抑制之事。夫銀圓非鈔票比也。他省非他國比也。且有貼水抑制之事而今易以他國之鈔票而反樂爲用焉此中見地誠非吾輩所及第即恐被頑固之惡名。而獨不慮夫外商之握我金融機關制吾死命後悔無及耶吾爲中國金融之前途計而不禁一再歎息矣。或曰我國資財自搜括償欵以來行將就竭。得此意外之通融。聊解倒懸有鹿豕不擇蔭之概似也。而不知我國之商賈或有倒懸之困。我國之殷戶未必有是困也。每見挾厚貲稱巨富者率偕携室至滬流寓申江。問其意則曰上海爲戰外公地無兵革之虞也。因而將所有之貲產存之於東西商所設立之銀行中。曰商資殷實信用堅確無倒閉之虞也。若是者比比矣。嗚呼吾聞此言吾爲中國金融之前途危吾且爲中國之前途危矣。知中國之危而不思所以補救之有此莫大之貲產而不思所以經營之而徒作此避地之想苟免之計嗚呼商掛洋旂民列敎籍中國亡矣豈徒中國之金融哉雖然中國亡。中國之富家大族而自以爲無兵革之虞倒閉之虞者其果能長保其貲產也猶不負其避地之苦心也而今之外國之銀行慣用其籠絡手段者特其勢力尚未能遍及吾國故不憚持餌以誘之耳如耕者之於播種馭者之於致遠當其播種致遠之時不能不稍具愛恤牛馬之心爲其汗血之足以稗吾收穫也及其耕地成熟長途既赴則牛馬已無所用而斯時之餵食與否正未可知或且以汗血之既竭屠而割之烹而食之未可知也而世之挾厚貲稱巨富者何竟甘爲其牛馬也吁可哀矣

續無鬼論（續第二期）

陳榥

六 在昔國君執玉則威儀爲之識太史陳風則歌謠爲之兆故凡個人與國家于無形色之界皆有一種不可思議不可遮飾之外神以爲其所寄之個人與國家之代表以是爲讖兆容或近之讀者盍觀吾中國史慧星日月食地震白虹貫日日中黑子諸例大書不一書曰將以昭儆戒也醴泉甘露芝草白鳳黃龍諸條大書不一書曰所以昭瑞應也彼心中純守一『神道主義』乃從爲之辭曰蒼天乎蒼天乎其有喜矣其有怒矣于是災異祥符之説穢史氏遂沿爲南山可移此案不可改之成例而大惑迺深中於人心按星學家云彗星繞日而行其軌道成長橢圓或成拋物線惟繞日有軌道故可以推算知之然則太史所書亦僅會逢其適其于人事吉凶何與哉日蝕月蝕爲月之陰影蔽地與地之陰影蔽月亦軌道之運行偶聚于一直綫初非有禎祥於其間也虹爲空中水滴分析日光所成故常見彩色其白色乃分

析日光時別有他種之影響及理由一時之現象焉耳且虹近在地球表面離太陽爲無窮遠斷無貫日之理妄相附會以爲兵象謬莫大於是日中黑子無日無之而黑子之多寡亦與地震頗有關係此種原因雖未盡悉要之太陽系諸星皆繞日行凡所關係匪惟我國全球實依賴之匪惟全球同系諸星皆依賴之若地震之因約以地心熱與磁氣壓力爲主震之甚者當正其名曰地災於天囿無與也泉出于山谷間往往含有什物質所含者甘則醴矣何瑞應之有露爲空中水蒸氣所凝結而成集于草木上而甘亦偶有他物入之之故芝爲植物以之爲瑞殆與以松喩壽以竹喩直同義出于意想成於習俗謂曰瑞應夫豈其然龍鳳無是物而俗夫媚子偏執偏搜於世界不可得之一名以自佐其阿諛之材料嗚呼荒唐無稽之談其第曰無憑也禍猶淺其依斯讖而害而家以凶而國貽患有不堪設想者昔者秦有胡亡秦之讖漢有三七厄之讖光武興有劉秀當爲天子之讖魏興有當塗高之讖晉興有馬同槽之讖自玆史官授受皆有是說此亦新王初興懼民信之未立因張皇宗祖侮蔑勝朝以爲愚民之資助耳而嘵嘵者乃疑乃駭乃心戰設充其辭今日全球

大勢白人主黃人奴我國已不少徵讖緯者揣測其解嘆息而默許矣於是諉其辭曰氣數曰天意而自苟且自偸息于天演界浸假黃人絕種白人統一全球吾不知向所云『氣數』『天意』者將于何徵之而彼將又搜羅一二未見事以實其辭語曰『天不亡不自亡者』換言之則夫自亡之者天亦必亡之矣而吾中國適近于是以上六端不過標舉大要又有一二私見所得雖曰瑣屑比而附之知者或許類條如下言

俗云舍利爲佛圓寂後燬化不滅之靈蘊顧魚類等物皆有舍利則不僅佛骨爲然矣俗云龍骨爲龍死于山內之遺骸藥品上多用之顧其性質作用與鹽化石灰甚相似今在異國不能得是物未由分析然其出于山谷則必爲一種礦物無疑也電氣學云電氣通過人身則神經抽動故取已死田雞以電氣通過之兩足可伸屈如生又初死尸身方天大雷電時或作僵起狀俗稱爲尸變不知此固電氣使然也俗又于尸未斂時猫趨近尸側則必驅之以爲能令尸起立者實以猫最易生電患其接觸或感應而尸身動作耳生理學云人之聲音由聲腺發聲腺在喉內爲一層薄

膜能激動空氣故發音俗聞夜聲則以爲鬼號夫尸已腐矣聲膜之不存音將焉附水族學云海中之魚往往與尋常魚異多能發燐光燐光者靑熒之光也而不知者以爲龍宮之寶藏氣矣地質學云山脈中之石灰岩最易爲酸所溶解故成洞窟又溶後餘滴自上墜下復成沈澱物結成石筍石柱或極奇妙而不知者又以爲其洞天福地矣光學云海上空氣整然成層時則船舶島嶼由全反射之理其影倒植空中恍如天有是物而不知者又以爲仙人樓閣矣光學又云近兩極之地夜間往往發大光名曰極光極光之理尙未周知約與磁氣有關係而不知者又以爲天光燦爛矣風雨雷電俗謂天神所司夫雷電或于電氣之相激雨成于水蒸氣風成于空氣壓力之變動西方三尺童子皆能道其原理好學之子廼造氣壓表而知風造濕度表而知雨造避雷針而知雷電設如俗云則又將謂人之所爲有大甚于天神者矣升天入地俗以爲鬼神之奇能不知空氣反力甚微天固不可升也地心之熱甚大地固不可入也且不可入地與前所辨狐不能攝物同背于不可入性之公理而謬妄者乃執此以爲辟野蠻時代之風俗大率類此抑不僅是鬼火熒熒俗以爲有

鬼之證不知動物骨肉含燐質甚多燐之爲物凡遇空中養氣極易燃燒火固有之鬼則非也廟宇夜間往往有聲俗以爲中霤之陰讞不知棟樆榱桷因燥而裂因裂而聲理至平常無足奇者飾曰陰讞其理何居以上所述見聞委瑣羅列無多然合諸所陳六則引而伸之觸類而長之孟子曰苟求其故千歲之日至可坐而致然則吾人于未經見聞之事之物之種種奇狀亦求其故而已矣否則長此神權柄政之時代而倚託之則愚奉守之則拙順從之則柔號呼之則蔽希望之則貧極世界仁人學子所委棄之惡德盡被于吾國人之身而以爲冠冕而以爲帶佩智力衝激距吾尺咫存耶創耶亡耶向所信之鬼神將來爲呵護耶竊懍懍乎其危之

難者曰鬼神之言西士所不免如宣教必曰上帝即其證矣曰今德皇之言曰『東方多一德國教師則德國多一分利益』然則所影者果教士乎抑犧牲之選乎曰人言法人在中國傳教者多係軍人爲測量地圖而來然則所來者果教士乎抑偵探之隊乎彼其口言上帝直以上帝爲其殺人戮人之前導上帝有知其必殛之而不然則上帝固徒爲空漠無着之虛名而吾國人猶吠聲吠影或暱之或排之此方

一上帝彼方亦一上帝各負其『奉天行道』之神旗以趨以戰以死（庚子義和團皆是）而西人乃挂手支頤于其旁兩軍旣竭于是因以爲利而國禍遂不可底止且日本佛教之國也執日人而叩以釋迦金身何若韋陀眞相何若必掩鼻而笑而以我爲大愚彼教上乘之書無一言及鬼神者言鬼神者皆下乘經也所以愚愚夫愚婦者也而惑之亦自惑而已矣故夫教也者沿于古代論說未純如耶穌之大同佛教之慈悲孔教之仁皆自有統一世界之思想若雜以鬼神果報之說普救之效未見迷信之論日叢言及于國則國頹言及世界則世界無進步害斯烈矣

難者又曰陰隲之說所以使不肖者有所惕也是說也乃所謂見眉睫而不見邱陵之喻也以今日各國國民之繁且庶方且殫而智渴而明擧步稍滯即瞠乎其後無以自耀其國旗而吾中國者士夫官長其心術吾不必言而盜賊之多痞棍之盛抑亦不可紀極其迷信于鬼神也如此其爲無教化而不可導之者又如彼亦可憬然于其故矣

抑聞之西人機器學歷史云蒸汽釜發明甚早代有進步獨至埃及僧侶不明反力

之理信爲神聖其時代之進化獨滯焉廻首祖國。上窮無極神農本草之經猶存乎。是能發明醫學者也何今乃曰病有狐鬼死有寃孽也于是中國無醫學堯典成歲之言。月令中星之說。猶喃喃其不絕乎。是能發明理學者也何今乃曰客星犯帝座太白晝經天軌道運行不之問也于是中國無理學后稷稼穡儒者所稱道此農學之祖也何今乃曰淫霖而祈晴元陽而禱雨溝渠蓄洩罔計也于是中國無農學周官攷工士夫訂正之未遑此工學之導師也何今乃曰治工先吉日也于是中國無工學聞人貨殖之智陶朱什一之策。學者豔稱之是固爲商學界之雄也何今乃曰照命有財星也于是中國無商學倉頡者吾祖國文字所自出何今乃曰文藝取士有文昌有魁星于其旁也夫以科舉之所鼓勵百代文人學士之所提倡而鬼神尚將乘其隙而桔亡之于是中國無文學嗚呼以四千年文明古國代有人焉朝有士焉具精細莫比之腦力不屑殫精竭思爲後來倡方之西歐人士亦卓然無愧色孫子不肖數典忘祖匪惟不智抑亦于公德界負不孝之重名矣

難者又曰。是固由于士之崇虛理廢實學。而非盡由神鬼之說所澌滅也。是說也吾

亦謂然然必先自廢其實學而鬼神之說乃得而入之繼則入以鬼神而實學且益廢二者固相因矣嗚呼成事不說來軫方遒智力競爭行有達于極點之勢國民程度幾成無窮級數之多而其間程度最下者如深夜暗行一物不知恍有見曰鬼神也恍有聞曰鬼神也歸而語人曰予于某地見鬼神矣聞鬼神矣聞者不察也又從而甚其辭曰某所聞見之鬼神余亦嘗聞之見之矣嗚呼舉國而爲深夜暗行愚愚相貽猶可說也愚愚相貽而衆智乃環伺于其旁而國亡而種亡不可說也而不然者以四萬萬同胞敬禮勿替依恃如命之鬼神而獨起而辨之觝之不惜出全力以搏之鄉士大夫其以横流被放之言相詬病矣雖然其志可哀也其心亦可見也

（完）

教育學（續第二期）

不懸子

第三節　教育之界限

有過輕教育者謂人之智愚賢不肖乃運命之所支配天賦之所拘囚階級分明不可少强豈惟上智下愚而已有過重教育者謂教育之能力出天天而入人人欲賢斯賢欲智斯智一惟教育者之力是賴雖然二者皆走極端者也盖欲賢斯賢者教育之目的而階級之限則又迫于勢而無可如何者也人間社會固不能如教育家之理想境圓滿無缺試舉數端則受教育者之個性其一也其年齡又一也其境遇又一也國家之要求又一也教師之才力又一也而社會的勢力則又其最後而最要之一端也

個性　個性者基于人人之禀賦而才能本能欲望氣質與夫種種之現象由是生也古人有言人心不同如其面例如甲乙丙三人一富於情者一長于知者一强于

意者更分析之其富于情者或易于喜怒或樂于情操其長于知者或敏于記憶或善於推窮其强于意者或厚于欲望或深于熟慮千種萬樣無一同者故雖生同一之時代處同一之社會用同一之國語受同一之敎育而其效果同而實未同也雖然亦何足怪個性旣根之于禀賦則雖擧天下莫大之力而終不能消滅淨盡回歸一致者亦勢所必至而無可如何也亦曰陶鎔之矯正之截其有餘補其不足而使人人各盡其人道以自盡其能事而已

凡基于個性所生之現象其最著者則氣質是也氣質分四種曰多血質曰膽液質曰神經質曰粘液質其詳細之說實隷于心理學玆于觀察個性上特擇其必要者略述于左

(一)多血質　屬此質者血液充沛其容紅其體胖感情雖强而易變乏忍耐之力而有活潑氣象每好爲筋肉上之事業

(二)膽液質　屬此質者其容淡黑其體充實其筋力强健深沈而難激怒決心堅固能堪困難可于學校之運動場爲羣兒之領袖而振威權

(三)神經質　屬此質者其容蒼白其體多瘠其言語迅速感覺敏而想像强多不決斷既決則固執不改好爲智識上之事業鬱鬱沈思憂時傷世者甚夥

(四)粘液質　屬此質者其血液之運行常多平靜其筋肉之充實不及他質其精神之作用鈍而難奮起貪一身之安逸能忍耐而乏熱心怨恨深言語遲凡屬此質者其在强健之兒雖或罕覯然亦有之教育者宜注意也

以上四質純屬者百不得一惟就其配合上之最著者以爲衡耳故有多血膽液質有多血神經質有多血膽液神經質有平衡質(平衡質即四質平均者)其最適于普通教育者莫平衡質若然亦寥寥若晨星未可一例論也要之既有個性則其氣質自必有所傾向不觀夫思想家乎凡遇一事之來必深考其處置詳究其原因觀現在而察將然每好殫心于抽象的者性使然也若夫實際家則異是其察現在之處置則切于將來其窮事物之原因則重其結果好盡瘁于具象的者亦性使然也是故一國之中上自元首下迄僕御權利雖同執業要不能不異官吏歟商人歟軍人歟工業家歟彼必富于多血膽液質者而後可士人歟教育家歟宗教家歟彼盖

學術

研究理想磅礴奇思者則具神經粘液者爲最多且氣質與人之生涯爲進退者也考其故亦以人類適應于外界之境遇而生種種之結果其在兒童則屬多血神經其在壯年則屬膽液其在老年則由神經而或超于粘液矣雖然此就大體言之耳其錯綜差別盖亦有之有一兒童于此竟非屬于多血而却爲粘液者此異常之狀態敎育者不可不逾格以注意也又有血氣方剛之人而困于生計勞于心事鬱鬱不樂致無膽液而流于神經者上所述者氣質之關係于年齡者也然于個人則又生種種變化敎育者又不可不加意者也然則敎育之能力雖强斷不能取絕對的勢力而悉變之是故個人者制限敎育之一端也

年齡　吾取敎育學而觀之凡國民敎育之入學期其必取于六七歲者盖證之于學理驗之于實際爲最當也苟逾成人而壯而有室受廣義之敎育容或能之而欲受狹義之敎育則勞而無功徒縻歲月焉耳且年齡之關係敎育者盖不備見于智慧其于身體上道德上無不明著兒童一入發情期（十四五歲）其體魄其精神皆

遭急激之變化而易陷于危境者也然苟操持堅定過此關頭則後此數年身心活潑收教育之効果酬昔日之勤勞一生之事業聲施咸基于此可不愼乎

人生有涯對于豎觀世界蜉蝣耳朝菌耳前世紀之初歐洲人壽之平均僅二十年逮醫術改良衛生進步不及百年驟增二倍然亦不過四十寒暑而腐潰矣是則吾國人之芸芸以生昧昧以死者復何說今据吳氏之統計學而錄數于左

	每日	每年	畢生
睡眠	八時	二、九二〇時	十三年四月
飲食及其他	四	一、四六〇	六年八月
勞動勉業	八	二、九二〇	十三年四月
遊戲及其他	四	一、四六〇	六年八月
總計	二四	八、七六〇	四十年

嗚呼觀此可以生懼心生奮心矣以歐人之進步今日之文明而勞動勉業之時僅僅若是則年齡之制限教亦不言喩矣他日道德進化人壽或更延長此要非一躍

可幾者然則今日擧一人之生其受敎育之時限爲幾何乎此則年齡之制限敎育者又一也

境遇境遇之制限敎育也亦不一而足其一曰貧富之不均歐洲且勿言日本學徒每歲所出學費常以二三百金爲率不能得此者則卒業小學而止或卒業中學而止獨未能受完全敎育也其一曰危安之不可知國有他故則全國趨向必達于有事之一端而敎育亦隨之而移雖然國之所與主者國民也國欲自立則非擧全國之民而盡敎之不爲功故歐洲之行義務敎育也務必使人人能入學而後已日本以區々島國而敎育公費猶歲出四千萬金且不恤焉然則我國當何如（未完）

眞軍人

飛生

●中國無軍人 ●軍人歷史的進化 ●軍國主義 ●救中國之三策

吾欲與吾國民言軍事。闢頭即有大問題。一則「歐美何以以軍人爲神聖而中國何以以軍人爲賤夫」是也。雖然吾得而解之。曰軍人神聖也吾中國無軍人中國之所賤者中國之所謂軍人也宜其賤

吾中國有個人之軍有政府之軍而無國民之軍所謂軍者則以警察之目的奴隷之身分賤丈夫之資格三五組織而成國非軍國民非國民故軍國民三字固自有天地以來未曾一入我民族之腦者也

軍人亦隨歷史而進化者也吾就其進化之跡。而求其種類之變遷則軍人之進化可分三大期第一期爲個人的用於個人與個人之間第二期爲政府的用於君與民之間第三期爲國民的用於國與國之間。上古之世人之能存於天地間者亦幸

矣戰天地戰生物其存也必其戰而勝而武力最强者也故當是之時一人之生死必視其體力之强弱以爲衡是爲軍個人時代野蠻之時則然也雖然有人類矣不能無競爭也由競爭而團体起焉有團體矣不能無機關也由機關而政府立焉夫一羣之內旣有機關則全羣之時事悉擧以納之機關之中固理之至常事之至順也當其初彼君主者固不敢即之而爲私有也乃積久而習非以成是也土地則產業視之矣租稅則花息視之矣而軍人則亦若所以保護一人之產業位置而設者夫以保一人私位之故而不惜犧牲人己之性命以日日從事於戰爭蓋至是而軍人之品格下而軍人之禍烈矣當是時民則輕兵賤兵不願爲兵風俗成矣雖有賢智之士不能善其後也是爲軍政府時代雖然個人的野蠻也而非軍政府的奴隸也而非軍是皆可賤不足道若夫文明日進以言乎個人之爭則有刑法民法在以言乎君臣之爭則有憲法議院在盜賊奸惡一索即獲不觀夫歐美乎一國以內和氣盎然言在中國則治定功定矣若是者烏用軍烏用軍而彼顚汲汲皇皇日日以從事於此寧勞時費財而不悔者則何以故曰軍也者固非用之於國內而用之於

國際者也國有主權有意志有目的與人之有權利有志向等人欲達巳之志而不得而爭則有國法以裁判之國欲行其意志而至於爭則無最高權以行其國際法于是最後之手段乃不得不用而戰爭出焉當是時則國民之死生存亡視其國軍之强弱以爲危險比例之差若是者爲軍國民時代蓋軍也者固非用之于國內而用之于國際者也惟爲國際的故軍爲國民應盡之義務而國民皆兵之義出焉惟爲國際的故軍爲國家全體之保障而軍人神聖之說出焉故軍國民時代國守之以民民即兵也民衛之以國國即軍也善治國者即聚人民自保之心以爲軍而軍尊而軍貴

察乎此而中國無軍人之說可以知矣世界各國之養軍人也其目的向外中國之養軍人也其目的向內夫軍人與警察其性質異其目的異其手段異故軍人向外警察向內軍人主破壞警察主平和軍人保護國家之主權警察以維持社會之安寧而中國乃以警察之目的責之軍人其根本之差點一也雖然犹可言也而奈何以軍人爲政府之私用物也觀于此而知中國賤武之由矣夫軍人之所以可尊貴

者固爲其能犧牲一人之私而爲國民盡公義也今既私之矣私之則奴隸也奴隸而不賤孰則可賤故西律有犯罪者不得爲軍人而中律有罪則罰爲戍蓋軍之名雖同而根本之相去曾不知幾萬里矣此根本之差點又一也夫既以爲私物矣人之自私也誰不相若今必以一人私位之故而令天下之人各舍其私出其血軀以爭逐于生死之際民雖至愚未有一無所爲而乃能爲人死者也于是不得已乃用市儈之手段以貨取以利祿誘其來也必其賤丈夫矣以賤丈夫而欲與世界之愛國愛羣之國民戰則無怪其敗也此其差點又一也

嗚呼吾中國人其勿言軍國民矣志士仁人求爲一小兵卒以一劒一槍得殺一異族而後死于疆埸而不可得而烏有所謂國民皆兵而烏有所謂軍人神聖故吾直可斷言曰中國無軍人

中國無軍人而救今日之中國則非軍人莫爲功其理奈何曰使中國成一軍國而已

軍國之資格有三、曰國民之抱負曰社會之紀律曰國民之公共心中國之所缺者

在此三点中國之所以致亡者在此三點故吾之所以以軍國主義爲救中國之方針者即因此三點而生三義

其一曰今日之中國國民之志氣已阻喪非軍國主義無以發其進取之精神也兵可以敗地可以割欵可以賠惟國民不可自喪其抱負抱負者何凌爍世界之進取心是也加富爾當困頓之際曰「事未可知天若假公以年貯看意大利大宰相之徽號加之于吾身」至哉偉人之氣慨當如是即偉大國民之氣概亦何莫不如是在昔法國大革命之後外患內亂岌岌乎殆矣而拿破侖乃獨能用之以蹂躪全歐德意志聯邦初立之時外患內亂亦不亞於法而德皇乃能用之以傾法倒奧至哉彼非有野心也救國之方略應如是也故曰世界事無眞失敗惟失其勇氣失其希望此爲眞失敗故中國今日之危亡不可悲惟國民已自喪其抱負此則吾所痛心疾首因此而徵中國之必亡也雖然一挫再挫志氣固未有不頽喪者也頽喪之時苟不以進取之雄心鼓吹其氣則其志一棄其氣一失終生無復有攻取之望矣悲夫中國昔日病虛驕而今日已成虛怯症矣噫昔悍然

之氣已一挫而盡其容蹙蹙其貌憂憂舉國上下不論新舊志士鄉愚皆若有大難臨頭之氣象而無不束手以待死有敢發蹂躪世界之思想者非癡即愚也雖然事有可知者有不可知者中國固有雄飛世界之資格者也海天精衛吾抱負此吾終有做到之一日故吾今日有爲言此吾非如義和團吾實深有得救弱國之義舉中國之缺點而一一救之救不勝救外禍已迫必不能待吾之從容改善惟先謀一二非常之舉舉全國國民之氣一振之希望一開之耳目一新夫而後進步改良可以言也若是者非軍國主義不爲功

其一曰今日之中國社會之風紀已腐敗非軍國主義無以約整齊嚴重之風也一人也起居無定節飲食無定時行止無常處若是者其人必病一社會亦然一國亦然故一國而紀律腐敗也則國必亡今日之中國已陷此危境矣土地大而病癰腫人民多而病拖累朝無定憲下無定律民無定業機關不靈而百事不舉風紀不肅而習俗朽敗若是者其原因何在曰自治力薄弱也凡自治力薄弱者非治之以嚴厲教育則其腦筋之組織力不强而規則之觀念缺感情之制裁力

不嚴而謹嚴之習俗失軍隊者非紀律不行軍紀非嚴肅不立故軍事之教育普及則社會之組織必能一變而國民自治之能力必强彼國民皆兵之風行于世界也盖不惟帝國主義之風潮爲之實藉此而國民之敎育以進步也其個人直接之加强力於國家也果顯而不知國家所即以此而直接施教育於國民也軍隊者實國民之良學校也

其二曰今日之中國公共之道德已腐敗非軍國主義無以發公共之觀念也「軍隊者國民道德之源泉而公共心之組織休也」至言哉何以故曰凡世界各種學問必有二層一學理一事實學理屬理想而事實屬實行軍隊者其學理事實相去最近者也故道德貴實踐軍隊適以爲寔踐之基日人常以中學校修身科比體操科蓋爲此也吾中國人無公德人人能知之矣而不知其無公德觀念也即其無軍人之徵也軍隊者固公共心之組織體也死則同死生則同生一夫不勇全軍之恥玆其理日日習之實易焉故入軍隊者未有不知一身與團體之關係者也此言其公共心之關於智識之發達也更有關係於感情者則對外是

也公共心於何起曰人人心目中有一外國人在未有不起公共之感情者也軍隊者其目的對外者也對外之感情激而對內之感情羣矣且一入軍隊無論上而將校下而士卒其于一隊之組織必詳且明盖不知不覺而能發團體之觀念者也

歷史

最近三世紀大勢變遷史

大陸之民

十八世紀

進化者自然之大勢歷史者進步之潮流也觀夫川流猶是水也而昨日與今日異觀夫生物同是種也而此性與彼性異水滯而不流則腐敗種執而不變則僵萎吾故曰過去者現在之母將來者現在之產兒也欲考究其結果則先解析其原因凡我同胞當生殖于十九世紀之末路爲歡迎二十世紀之地主雖然欲知忙碌迎來者爲如何世界則先解釋我今日所棲住所游息者爲如何時代欲解釋我今日所棲住所游息者爲如何時代是研究十八世紀之因果始

十八世紀之地位

加來耳曰十八世紀者魔鬼時代也欺騙破產之世紀也而加來耳則不知以十八世紀之黑暗乃放出十九世紀之光明是彼於歷史之判斷力甚失正鵠焉夫十八

世紀者於近代之歷史爲回轉時期其力量誠足令人聞而拜倒也
而加來耳品評十八世紀之價値謂僅値得法國革命火一炬此外竟無一人物爲十八世紀代表者乎傳利特利喜米刺薄丹頓華盛頓沙謨愛兒祈郁遜輅培兒德拔倫斯滑篤盍克刺伊篤是等之偉人固爲十八世紀而生爲十八世紀而沒者也若慨的之事業之生涯亦大半出現於十八世紀而加來耳直斷之曰十八世紀爲不名譽之時期是誠駭人已甚哉
而加來耳又謂十八世紀欺騙以終嗚呼若紐敦之生涯二十年倫恩之生涯十年蘭俐湼芝之生涯十六年及休謨康德雅達摩司米施厚芝本普利司柳之生涯以包容此全世紀固鄰于欺騙者乎若其謂破產自殺爲十八世紀之事業試問創立不列顛帝國果何時耶亞美利加及法蘭西之產出共和國果何時耶其他科學的歷史光榮若化學植物學動物學非十八世紀而發明者耶餘若社會學的觀念果十八世紀基礎也英國及法國的歷史學派果十八世紀產出也德國之新哲學新音樂學果十八世紀改良也至如文學界若新小說若新體詩若散文無不自十八

世紀進化爲十八世紀者實世界大進化之萌芽時代也

革命時代

夫一世紀之長日月必有一種特色出現爲一世紀之歷史吐萬丈光燄故歷史者如一片未開闢之大陸任吾人用探險之手段以所獲得者即爲其特色歷史家者實與探險家有同一之責任也然則十八世紀之特色爲何曰十八世紀之特色革命時代是也於歐羅巴大革命於人類之歷史最大變化之熟成時代也雖然不僅血花競爭謂也凡世界文明根本的普及的改造是所謂革命也此時代者加來耳所設虛僞懷疑破產自殺之時代是其精髓上觀察之是其全體上視察之實希望敢爲勤勉進善之時代也

夫十八世紀人格之價値誠達高貴之極點有銳進性莫若十八世紀的人有革新性莫若十八世紀的人十八世紀之潮流儼然一少年氣象也而評論家則設十八世紀爲輕舉妄動虛僞放縱之時代噫寃哉若少年銳氣太過則有之

十八世紀於政治界上之革命實人類上不思議之大戰爭也而此結果之戰利品

遂遺贈于十九世紀雖然若維兒聖路易之恐怖時期不足以占十八世紀之眞相實質至於十九世紀愛蘭之騷動巴黎之激變僅得政治爭戰之小部分嗚呼一時代之全部分豈其一小部分足以測之一時代之眞相豈只皮相上足以評斷之

夫十八世紀者所謂果毅之世紀仁慈之世紀也吾讀特福施維夫篤確兒獨司米施祈郁遜諸著作覺剛健不屈之精神激刺吾腦吾讀魯敏遜漂流記吾想像滑篤等之發明工業吾思苛勃之愛憐同胞懷思妻之犧牲於宗教界撲華兒特之改良牢獄維兒拔路福斯之廢止奴隸吾服其果毅吾仰其仁慈吾慕其事業之堅忍吾艷其性情之博愛雖然吾僅於特福等筆墨上見梗概然則吾敢斷斷曰果毅性仁慈性是十八世紀之呼吸生氣也十八世紀之脈管流貫之血液也

殖產界之革命

十八世紀之始英國於政治文學學術誠空前絕後執歐羅巴牛耳之時代也威麗雅謨三世既爲政界之明星克魯母懷兒以後英國爲統一龐大之君主千六百八十八年之榮譽革命英國人民遂奪得自由爲戰利品當時殖產上思想上之束縛

脫然解去其進步遂如入無人之境坦然直入矣

十七世紀之末路全歐諸國皆受路易十四世鉄蹄蹂躪而蒙傷痍至十八世紀之始於繼承西班牙皇位之戰爭而擊破路易之軍隊者英之末兒濮路也紐敦爲英之發明科學家露芝克爲英之發明哲學家雖然諸君子皆以十八世紀之始發揮其大力量者也

當王政復古之時代若文藝界革命軍德刺伊遁施維夫篤雅祈遜特福等以文字爲國民鼓吹遂倒斯棲亞兒德諸王壓制之政以自由之光遂輝於英國民之頂上若十八世紀最初十五年乃十七世紀之餘波了威麗雅謨及亞溫之治世實啓千六百八十八年之革命結果爲渾納維兒糸諸王時期之前驅也吁末兒濮路之苦戰路易十四世之敗北千六百八十八年之革命結果吾觀十八世紀中英國與歐洲一般受法國革命之震動然則列國則受其直接之被動力而英國則定其自動之方嚮故英國于十八世紀爲特有之時期也亞恩女皇崩至法國共和戰爭止(千七百十四年……千七百九十三年)十八世紀之最初十四年屬十七世紀之

英國革命最初之數年屬法國革命之歷史其間八十年實英國有最好十八世紀之特色時代

而實英國平和主義立定之時代也印度及亞美利加之殖民地戰爭於十八世紀既定國民眼光乃直射于殖產上政治上而流血之野心乃息

英國之國會既由太古存在其國家之最上權實於此時代基礎之華兒樸路者實十八世紀政治家之標本也其箇人之道德實無足稱道然產出十八世紀之平和政策發達殖產界之膨脹力實華兒樸路爲之先鋒焉繼起者爲羌韃謨然以兵力佐之方針與華兒樸路異故平和政策之表號實維華兒樸路一人獨當之殖產界的組織于十八世紀爲英國特有之事業十八世紀之初亞恩女皇治世英國兵威直振於歐羅巴大陸若威麗雅謨三世亦直捲十七世紀之餘波而起十八世紀之末法國政府倒路易十六逍遙於斷頭臺上而羌韃謨與歐洲諸國遂樹起十字軍旂

殖產的組織以平和政畧而成當時國民多發冒險殖產之思想自不列顚帝國立

而殖產于外國之門戶遂開十八世紀之始英國所得領土人民僅三百萬餘十八世紀之終增至一億餘亞美利加及澳司大利亞之殖民地及海上諸屬國東西印度等皆歸英領是皆羌韃謨政畧之効力也殖產的生活之膨脹爲十八世紀之名譽希功冒險之獲物與華兒樸路平和政畧實反對也厚兒獨樸路之爲革命紀念碑曰「由戰爭力以產出貿易之繁華實羌韃謨之功德也」由此碑文已見十八世紀殖產界之一斑矣殖產界發達而實業界上遂大革命先是英國民多以農業爲基本自十八世紀之後半此農業國遂一變爲工業國當時國民均拋犁鋤以勞働于工場此迅急偉大之殖產革命實古今來得未曾有者也

試問殖產革命之結果如何當時一大風潮起流出英國無數之偉大人物若克芝科安遜乃航海游世界一週歸而發明道路溝渠造船燈明臺礦坑鎔爐諸機械威祈烏特乃改良陶磁工克魯謨普敦發明紡績工勃尾克改良彫刻工其他無數實業家之偉人奮起皆爲殖產界革命之原動力也吾讀英國之歷史于是等事業實爲十八世紀光榮之一部分而乃曰十八世紀爲虛僞欺騙破產之時代噫寃哉

十八世紀於英國中央首府非學問藝術之中心點也若樸兒敏滑讀滿邱蘇泰特路皮蒲利斯篤兒納兒維棲利慈紐克司兒等之都邑皆創獨立之科學而樸兒敏滑讀猶爲文明之中堅當時達兒維音博士既興科學會于是處若勁模司滑篤滿休普兒敦遂于此邑興蒸氣機械末兒獨克于此邑發明瓦斯燈懷芝祈烏特于此邑建陶器工場華董于此邑興印刷業者其他無數之大科學家無不粹集于此邑嗚呼樸兒敏滑讀者實文明世界之搖籃也

然則十八世紀于英國之特色既言之詳矣然一時代之精神特色不在一國民觀測而在全世界觀測殖產的組織十八世紀既發現于英國至十九世紀則普及于全歐羅巴欲卜將來之進步及十九世紀現象則先研究十八世紀世界普及之特色

思想界之革命

十八世紀之政治美術文學已發達至於極點若社會物質之進化已隱露頭角夫十八世紀者所謂科學時代也吾廣搜于歐羅巴見哲學之偉人焉曰康德休謨剌伊葡涅芝培兒扣婁孟德斯鳩初特魯達婁母培兒孔特盧塞芝兒確亞達讀施米

、司吾廣搜于歐羅巴見科學之偉人焉曰濮豐利尼亞司剌維亞祁愛剌蒲剌斯剌來兒克剌科蘭柯哈兒駭兒福蘭克靈普利斯篤利蒲剌克克屏德西猶維蕚兒他卡兒維尼皮瀉温韃其他文學家合科學哲學一鑪而鑄之爲國民發揮無量之光彩者若盧梭等無數之文豪握其總權焉嗚呼若精神上若社會上若歷史上實于十八世紀發揮盡致焉

十八世紀之學術的精神實充塞于宇宙吾拜倒諸學子之力量大吾拜倒諸學子之思想偉吾知當時諸學子的犧牲心希望心在解脫世界國民之大問題爲目的故其理想乃闡得宇宙之秘義乃解得人生之奧妙吾蒙其影響吾乃述十八世紀諸學子過去之歷史

濮豐法人爲物理學家以研究一種虫類遂費畢生精力求之夫濮豐非好爲此區區也雖然不如此則不足見十八世紀之特色亞達謨施米司爲經濟學之鼻祖而兼長夫文學社會學心理學語學美術政治教育休謨與亞達謨施米司比肩而眼光灼灼則過之普利斯篤利爲哲學及神學之盟主若福蘭克林不但以發明電學

稱而若亞米利加共和國創立時主張政治者即其人爲之也若克芝科勃克斯安遜蒲扣音維兒等皆以探險手段令歐羅巴人士喝采歡迎焉

若爲文學界上開璀璨之花者若特福之魯敏遜流漂記施維夫篤之卡利維兒旅行記及其他諸子之學說實于十八世紀有普照之光也而當時以智識之偉大魄力之巨毅爲歐羅巴思想界之巨擘者則德有康德法有祈特露英有休謨猶卓卓一時矣夫握十八世紀學問界上之霸權者法之福祿特爾孟德斯鳩也福祿特爾自留學英國歸遂把偉大之思想以神經之火放于法蘭西之野千七百四十年著風俗論千七百四十八年孟德斯鳩乃著萬法精理自由一點火竟飄忽于世界大陸若盧梭祈特露達妻母培兒哇維那兒科濮豐剌維祈愛孔特兒塞芝輅確併起于法而法遂稱文華時代若休謨亞達母施米司厚崩普利司篤利輅培兒篤遜祈郁遜確兒特施米司柯倫併起于英而英遂稱文華時代嗚呼千七百四十年至千七百八十年四十年間思想界上之歷史誠結實最富哉

十八世紀之最後二十年法蘭西既投入革命之大旋渦裏而德儒康德培慨兒慨

德培德夫恩英儒樸兒克本若謨柯勃拔倫斯拔伊倫確婁列祈蕁兒特蘇兒斯休樓施柯德皆由思潮上流出十八世紀果革命時代也實諸學術最大革命成就時代也試以十九世紀之學術與十八世紀比較若進步則有之而創覢則未也若美術音樂詩文而十八世紀多有特別之性格創古今所未有至如有銳利之智能不撓之熱心則十五世紀文界之觀念亦畧得之夫十八世紀者謂之爲文學復興時代可也

歐羅巴之進步與時代爲遷移一張一弛一盛一衰儼如潮流試觀于十六世紀智識之中心點集于西班牙以大利十七世紀則英國與和蘭握學問界上之霸權而十八世紀則法蘭西代之至十九世紀則怒潮橫決直衝上德意志百丈高岸矣

道德的革命

十八世紀之革命改良的精神既貫于實際的事業上而社會改良之種子亦由此時播焉若孤兒院病院慈善會日曜學校皆于十八世紀建設撲華兒特建普渡航於苦海以改革囚獄者果十八世紀耶奴隸廢止之問題以於殘酷野蠻之刑罰開

神經之戰者果十八世紀耶解婁密本若謨啓濫用法律之攻擊者果十八世紀耶」十八世紀者稱爲懷疑時代者也若宗教改革開懷施樓撲兒伊篤福兒特美淑祈斯德之新派者果與祈郁遜休謨滑篤之事業同稱爲十八世人性改善之新現象耶與此宗教運動之役者實不乏偉人當時柯勃者以新詩人鼓吹者也維兒拔兒福施者以演說家鼓吹者也撲滑篤菲兒特者以宣教鼓吹者也若蒲利斯利以廢止奴隸爲是役之前驅若休謨之懷疑哲學菲兒勤柯之滑稽文學滑篤之蒸機發明其面目之差異不啻天壤而其大精神大眼力注于宗教的運動其目的無異焉」「慈悲爾之幸福也」此語實貫流于十八世紀之精神也當時既掃除社會一般腐敗人類日就改良而法蘭西之革命火亦隨改良道德上之觀念而起嗚呼十八世紀之自殺實新時代所誕生也而研究史歷者焉可昧然不知哉

法國革命之危機

十八世紀者於人性全部之革命時代也若知識的精神的既改良於內若政治的社會的復破裂於外天驚石破吾乃見之於盧梭孟德斯鳩諸君子之學說吾乃聞

之於柯勃拔倫司諸君子之詩歌其烘動者曰天賦人權曰最大多數之最大幸福以是等之說法反對于專制者之壓制少數社會上級之特權於是改造社會之聲乃漸促改造社會之勢乃漸逼

懷斯婁之運動宗教改革也曰非更生不足以興然則社會上政治上亦有同一更生之徵證焉十八世紀之詩人既以平民的好材料開新生面而其他種種方面亦各改變無不爲革命之前驅嗚呼忍之又忍鬱之又鬱至十八世紀終而大危機乃潰斷頭臺下萬顆頭顱流紅潮其猗猗裁判堂前萬乘君主受死刑而默默危險危險革命革命法蘭西終究大革命

十八世紀者爲法蘭西總運動之歸着點也十九世紀者爲法蘭西總運動之發起點也欲觀測十九世紀之大勢先考察法國革命之意義如何

嘗有議論法國革命是非者觀望派曰亞達摩伊維之墮落是耶非耶吾聞茲冷語吾深長思之吾知其於不得不墮落之處而墮落夫法蘭西之革命如亞達摩伊維之舍安樂之大陸而戰于苦鬬苦作之海也

夫以法國革命爲單一暴動謬矣然人有求革命原因者或以爲君主政治若貴族政治之腐敗而起或以爲由懷疑哲學派烘動而起是无數原因中吾乃直認之爲均是革命之原因可也

法國之革命果無始无終者也或謂以千七百八十九年之國會始或謂以路易十五世及福祿特爾始或謂以路易十四世懷兒聖兒斯之宮殿營造始紛紛莫是吾一言以蔽之曰十八世紀之革命殆由數世紀間積蓄之勢力破裂而來也夫十五世紀之學問復興十六世紀之宗教改革十七世紀之英國革命是皆其積蓄力之一部分也

革命之結果究何時而終難斷言者也千八百三十年千八百四十八年及千八百七十一年於巴黎一炬遂引起德之社會主義俄之虛无黨其他急激平和派紛紛出陣夫革命之結果誠无已時也

夫革命者建設的事業也非破壞的事業也若以革命爲破壞之事業則路易十六世既殛矣王黨貴族既刑矣而諸君子破壞之慾心既償則國亦聽之亡可矣而今

日二十世紀何以有如荼如錦之巴黎何以有驚魂駭魄之國旂嗚呼革命者誠建設的事業也法國革命于近世史中建設的大勢實爲過渡時代也過渡時代者則所謂大危機也吁吁十八世紀之太陽於此大危機中而落山十九世紀之朝日由此大危機中而出現十九世紀者眞建設革進之穉子也吾憮然吾油然請濡我筆墨而進言十九世紀之大勢

（未完）

碧眼紅髯　張牙毒遍

霸氣新　亞洲岸

開宗平等　未信黃人

漫傳薪　降白人

傳記

中國愛國者鄭成功傳

匪石

續前節

第二流寇濁亂時期　吾以爲有明萬歷天啓數十年間閹如虎吏如狼驅生民如羣羊市野洶洶已漸入朝家革命時代東林諸君子果豪傑乎宜奔走盡力爭握中原四百餘州之造亂權而自張弛自收縱大呼而起盡率西北之將爲寇盜者東南之能經溝瀆者以組織吾中國空前絕後之民會而與吾國民更始能若是斯所謂英雄也而不然者朝滴一淚焉夕揮一涕焉觀望周章慷當以慨歸休乎吾吾不願聞此亡國之音

此造亂權乎順用之爲正動曰正動即有建設之破壞之換言也反用之爲雜動曰雜動即爲無建設之破壞之主因果也神熹兩朝之閹若吏持是權而玩狎之而卒以造崇禎十七年狼奔豕突之歷史請述其略。

一逃軍周大旺張獻忠等屬焉

一邊盜王嘉允王自用等屬焉

一土寇王左掛高迎祥等屬焉

一饑民王二王大梁等屬焉

然此皆聚嘯延綏南北間流衍散漫無所統一各奔向「衣食」及「子女玉帛」之天鄉以聊試其呑噬崇禎四年諸寇開同黨聯合會于山西勢乃熾八年開第二次同黨聯合會于滎陽勢大熾遂出沒山陝湖廣河南四川諸要省時諸寇

由分立主義漸入統一主義

由渠帥希望漸趨帝皇希望

於是諸寇別爲張獻忠李自成二大支

張獻忠自茲東犯入歙犯湖廣諸境十一年降于熊文燦軍明年復叛于穀城十三年陷四川諸州縣又東陷襄陽殺襄王翊銘十六年陷武昌沉楚王華奎於江進陷湖南遂入四川僭號大西國王改元天順元年殺男女六萬萬有奇

李自成自茲入陝西尋犯四川十三年走鄖均陷河南殺福王常洵陷南陽殺唐王聿鏌十五年陷開封尋犯汝甯十六年寇潼關遂陷西安延安諸郡十七年僭號西安國號大順改元永昌乃陷太原入甯武關犯居庸以是年三月入燕京明帝自經於煤山

而此十七年間有爲張李二寇莫大之外援者則以清兵數次入犯諸將日勤王且勦寇奔走疲命延緩逸寇故計崇禎二年清兵下遵化薄永定門明年夏五月東歸三年清兵圍大凌河六年取旅順七年入上方堡至宣府九年入塞十一年再入塞十二年出青山口十五年陷松山下錦州入薊州遂下畿南山東州縣此其時實被張李二寇及清兵互援助互進退之影響者曰惟吾中國惟吾中國國民

嗚呼彼張李二寇何人斯固猶是吾中國國民也始則殘虐之及其既亂而又殺之而使吾中國可親可愛如手如足之同胞一旦陷于尸如山血如海之慘境又甘爲外族之倀向所見虎猴蠻觸蜷伏瑟縮無敢爭戰清風忽來化爲死灰飛去詩不云乎誰生厲階至今爲梗言念及此潸然涕下

第三諸王奔逐時期　維時明臣吳三桂方擁兵山海關。聞明京亡。遂降於淸兵求共討李自成。淸命睿親王帥師從。旣入關。令三桂兵皆薙髮。不及。則繫白布爲識。遂以自成據燕後二月。定京師。易服色。頒朔曆。故明諸臣爭薙髮奔趨闕下。不及三月。幽燕三易主人物。猶是衣冠已非。於是北明志士皆南奔。

北明志士皆南奔何。曰嗚呼吾中國國民所最乏者精神界之堅定力而已。其始也未嘗不慷慨可一用。再則衰。三則竭。終且男臣女妾無所不至。流寇騷亂中國雖十七年。罔未一及。江南北都旣亡。福王由崧避兵至淮南。中諸臣乃以是年五月奉王稱號於南都。雖然試一究南都內部存在之狀態。(一)文臣爭黨(二)武臣爭兵。內言之曰無愛國心。外言之曰無復國力。以是數者遂相率取因循退讓政策。爲縱淸兵圖李自成。且盡殲。無何淸兵下江南。入宿遷。明年定河南。遂以五月渡江。入南京。總兵田雄劫王以降。於是南中臣民子女皆爭投死地以殉。曰所以報國也

是歲。淸兵下浙江。克杭州。唐王聿鍵南奔閩。閏六月稱號福州。改元隆武元年。時浙臣張國維等方奉魯王以海稱監國於紹興。浙東西義師大奮起。頗不寂然。二王捨

「國難」爭「帝名」如水火又窮迫於淸兵尾追之苦境惟日以南奔爲志淸遂以秋七月定江西八月克松江九月入湖廣十月克徽州明年夏陷紹興魯王遁入海七月克衢州八月克延平至汀州王死之至是閩浙盡亡

讀者盍繙吾中國革命史吾中國設於其圈界而自盜且自帝也其必依亂史之公例矣苟不然假王尙有待外族日以至則所謂亂史特例乃大發現於吾中國至穢至惡之歷史果惡乎然哉吾國帝政發達垂二千年于茲上之人旣以「召外族甚內亂」爲慣技（政府諸臣聽者）翻觀吾國民乎又懵懵不知「民族主義」爲何物而羣起爲無秩序無方向之暴動偶一敗挫降順恐後（北方義和團聽者普中國義和團聽者）向日所名稱爲中國慷慨家者亦復以一「死」爲獨一莫大之責任（中國全部諸志士聽者）而堂堂四百餘州之版圖倐焉忽焉乃爲歷史地理部一死名詞而生氣無復屬焉者悲哉吾國悲哉吾國民何頑鈍悍愚其若此

第三節　鄭成功之初生及其幼年

「徧歷中原無趙氏一片乾淨土南望崖山煙波浩淼猶彷彿宋遺臣陸秀夫挾宋

帝殉國處』嗚呼古來孤臣孽子不得行於中國則遁於海或并其兒年呱呱之聲僅一觸於能爲人臣妾者之耳膜而溷焉且以爲大汚海山重重別有天地生於斯育於斯族於斯英雄幼年固咄咄已異人若是

試一遊扶桑之鄉自平戶港彳亍至河內浦又前行千里濱在焉長林大道之旁巍巍然一巨石迎人而前上鐫『誕兒石』三大字以爲識居者告余『昔吾國有義俠女曰田川氏實爲平戶士人之女年十七八婚于明人鄭七官芝龍爲妻一日田川氏出游千里濱風雨大至不得歸田川氏拾文貝爲戲忽覺分娩踉蹌就濱內巨石以生或曰生時氏恍聞金鼓聲或曰氏恍見海中有物長數十丈大數十圍兩目如炬以驚田川氏於時若中國掀天蓋地之英雄乃墮地氏字之曰福松福松者就石側古松以爲祝也』是歲也當吾明天啓四年越五稔福松弟左七衛門生焉

自是芝龍留妻子日本入中國一躍而登福建海防之重鎮崇禎三年芝龍遣使迎妻田川氏氏以少子幼不欲西命福松隨使者來時福松年纔七歲既至芝龍驚其狀貌改名森字曰大木迎師課之學福松幼稟大和魂之薰陶又久受中國國粹學

故居平喜讀春秋孫吳書。嘗作「當洒掃應對進退」文。其終言云。

湯武之征誅一洒掃堯舜之揖讓一應對進退

時福松年方十一。已慷慨自負若是。雖然英雄少年其四旁上下必有種種變相之羣魔以奪其神而傷其元勝之而魔退魔退而英雄名故羣魔者英雄之好友也此時芝龍已別娶顏氏。福松孝事之。然居常怏怏不樂。海天東望河內浦隱隱波濤中。吾家固在其處。夜來明月在天。吾母與弟二人形影相吊。無相歡語。思念至此。每淚下涔涔。而福松諸季父弟昆猶嘲福松曰。『而非吾中國人所生而忘吾中國風』數窘之。福松聞『中國』字。益感慟。心識之。其叔父鴻逵獨奇福松之爲人。聊述當時之能知福松者。

王觀光一見福松。謂芝龍曰。是兒英物非爾所及

金陵術士來。芝龍叩以福松能得科第乎。術士曰。此奇男子骨相非凡命世雄才非科甲者

此何時乎隆武帝方狼竄雌伏於閩南之一隅而舉軍國大事倒授於芝龍之掌握

伈伈俔俔奉芝龍令不敢違芝龍常引見福松於隆武隆武曰恨朕無女可妻卿雖然卿當盡忠吾家毋相忘乃賜姓朱改名成功拜御營中軍都督賜尚方劍儀同駙馬至是國姓爺朱成功其名廼轟轟烈烈大發現於日出日沒兩大帝國之歷史

初成功父子數招妻母於日本田川氏以幼子故辭未來順治三年左七衛門年十六矣成功復强請其母氏於是廼告左七衛門曰

兒乎昔兒父及兒兒數相迎吾憐兒故不果往兒今長矣兒父及兒兒又以書來不往吾於兒父及兒兒爲無辭是重吾之戚也且吾又未能與兒偕嗚呼吾終舍兒矣吾憐兒兒父及兒兒亦必憐兒當歲以金若干託商舶寄兒嗚呼吾終舍兒矣雖然兒勿忘吾勿忘兒父及兒兒又勿忘今兒母所去之中國吾行矣

於是田川氏得與長別離之七歲寧馨兒相聚者一年而成功亦於時與「國亡家破之悲鄉」一且行且近未幾而閩海之大波瀾以起

（未完）

落落何人報大仇　沈沈往事淚長流
淒凉讀盡支那史　幾箇男兒非馬牛

大勢

二種

游學譯編

第六册目錄

世界一般大勢

二十世紀之太平洋（續第二期）

列强整理太平洋之交通、運輸、機關、既如斯之汲汲不遑。更觀太平洋通信、機關、之設備。亦復慘淡經營。不遺餘力。英國自美洲坎拿大之芬克維海濱經太平洋斐安尼島、斐伊齊島、及拿爾福克島。而達澳洲科咸斯倫之沙司巴之海底電線。延長約七千餘哩。於昨年十二月十八號告竣。開辦通信事業。美國計畫由桑港經布哇哥阿姆島。而達斐列賓羣島之海底電信。本年一月一號。桑港布哇間已告成功。由布哇至斐列賓之線路。亦預定本年六月三十號竣工。英美兩國爭備太平洋之通信機關。亦朝夕經畫。各不相下。而更有一最堪注目者。則列國之海軍力是也。據最近調查列國艦隊之勢力。英國十三萬二千噸。俄國十一萬七千噸。法國四萬二千噸。美國四萬噸。德國三萬四千噸。其餘各國以次遞減。夫列强所以增加極東艦隊之勢力。其意固何在耶。夫亦曰欲保護其在留國民。保護其殖民地。保護其商業商船

與保持其政治上之勢力及商業上之利益而已故吾人比較各國海軍力之强弱即足以覘其海權之消長也

列强於太平洋競爭之激烈既如此而其範圍之廣大又如彼然則非大擴其海上權力必不能保持其利害也明矣雖然太平洋各方面所最稱重大之關係者即政治上及商業上之勢力是也今日對此海權問題而互相競爭者爲英美德俄日本五國自今以後列强用如何之態度操如何之政策設如何之準備施如何之手段以眈眈逐逐於太平洋廣大範圍之內皆吾人所不得不注意者也

試就英國而觀南太平洋之方面其領有地坎拿大一年之貿易額約八億圓若工業若農業若森林業皆顯著發達輸出之額逐年增加其餘如漁業礦業之數無不呈繁盛之象又太平洋沿岸之英領哥倫布地其面積得三十八萬二千方哩海岸線延長至千哩又有數多之良港哥倫布四分之一爲森林地故木材輸出甚多且富有礦產千九百年採掘金礦額約一千萬圓此外之礦產物亦復不少又千八百九十九年裝入錫罐之魚類亦達一千萬圓以上且該地之位置比之支那日本西

伯利滿洲澳洲等更稱有滊船交通之便現自晚香坡至支那日本間已有直通之航路所謂北美東亞間最短之交通路也而英國復欲延長其航路以達俄領之海參崴此線雖尚在計畫中然轉瞬間即可計其成功者也故自今以往坎拿大與東亞間商業上之關係必愈形其密切矣

英國於亞細亞沿海之方面所起世人之注目者即海峽殖民地及香港是也此二地於商業軍事上皆佔据重要之地位試先徵海峽殖民地之貿易狀況千八百九十九年輸入額約二億八千萬圓輸出額約二億四千萬圓合計達五億二千萬圓之巨額如新嘉坡爲東西兩洋交通之關門其出入船舶之噸數一年約七百萬噸若夫香港本支那之所有地也自千八百四十二年歸併英國領有以來今日已見异常之進步至稱之爲模範的殖民地實則香港一地乃英國東洋貿易之中心又東洋艦隊之根據地也

夫亞東之貿易事業以英國爲最盛試調査支那英國間近年來之貿易狀況可一覽而知之千九百一年由英國輸入支那者四千一百二十二萬餘兩由支那輸入

大勢

英國者。八百五十六萬餘兩。合計四千九百七十八萬餘兩。視歐洲各國（除俄國外）與支那貿易之總額。尚超過之。若合英本國與其領屬地之支那貿易額。共二億三千三百餘萬兩。視歐洲各國及俄國與支那貿易之總額。約逾四五倍。視日本與支那之貿易額。約逾六倍。更觀千九百年間各國船舶之出入於支那各港者。共六萬九千二百三十艘。計重四千八十萬七千二百四十二噸。此內英國之船舶二萬二千八百十八艘。計重二千三百五萬二千四百五十九噸。更視察日英貿易之狀況。千九百年間由英輸入日本者。七千一百六十三萬餘圓。由日本輸入英國者。千一百二十六萬餘圓。同年外國船舶之出入日本各港者。二千八百十三艘。計重六百三十九萬九千九十一噸。此內英國之船舶。千五百四十二艘。計重三百七十三萬九千一百五十四噸。綜觀以上所論英國於極東之利害有如斯之關係則其在太平洋方面之勢力必日益伸張日益發展今而後英將有勝算獨操之概矣

俄國於東亞及太平洋方面之進取之活動之經營之勢力。實亦有甚可驚者。今吾人所首當注目者。俄國近半世紀之异常膨脹也。其國土之面積。八百六十六萬三

百九十六方哩。擁有世界陸地八分之一。其人口亦逐年增加。千八百五十九年頃。共七千四百餘萬人。四十年後（即千八百九十九年）約增進一億二千九百萬人。工業亦見非常之進步。千八百七十年。其製造品約五億四千萬盧布。（每盧布約墨銀一元二角）千八百九十七年約增加十八億千六百萬盧布。徵諸二十年來之實跡。國中之紡織物。其價格逾二倍。石炭之產出額。亦增加二倍。銑鐵增加三倍。鋼之製造品增加七八倍。自千八百八十九年以後。經十年間。其額由十五萬噸而至百十五萬噸。如石炭鋼鐵之產出額。於同年期間。由七百三十八萬而增加千五百九十八萬六千噸。今日俄人之從事於礦山及製造事業者。約有二百萬人之多。更就其財政觀之。千八百八十七年至千八百九十九年。其國債由四十三億五千七百萬盧布至六十一億九百盧布。相較凡增加十七億五千二百萬盧布。內十二億一千六百萬盧布乃經營鐵道。及生產事業。其餘五億三千六百萬。則用以補充歲計之不足也。若夫俄國之軍備。平時陸軍有士官四萬二千人。下士卒百萬人。合計約百十萬人。戰時有士官七萬五千人。下士卒四百五十萬人。合計約四百六十萬人。而於海軍亦逐年擴張。查千

大勢

九百年之海軍費約九千一百二十一萬餘圓其次年之海軍豫算已達一億百十四萬之巨額俄國於軍事上之準備如斯之汲汲亦可見其有雄視五洲之概矣且俄國之經營東亞及太平洋方面甘輕擲數億萬圓之巨額敷設西伯利鐵道使歐羅洲之俄露斯與太平洋各沿岸地聯絡一氣更於千八百九十八年强租支那之旅順大連灣日夕經畫不敢稍暇者果何爲哉曰是即俄人南下政策之一端也今欲歷數俄人之擧動不得不以數年來彼於極東經營之事實畧擧一二以證明之(一)强迫支那租借旅順口爲其海軍根據地(二)乘北清事變之際以兵力占領滿洲(三)投巨額之資本以經營極東之市場冀於北清成一大商港(四)敷設東清鐵道使太平洋沿岸之不凍港與本國相聯絡(五)締結還附滿洲之中俄條約而於東清鐵道之敷設地及停車場仍受俄國之支配且借保護鐵道爲名依然駐屯俄國兵士(六)派遣十餘萬噸之艦隊巡遊極東之海上以示威力(七)給巨額之補助金與義勇艦隊使於黑海東亞間相聯絡綜觀以上各事俄國於太平洋之地步既已根據鞏固勢力偉大他日海權問題之進行俄其可稱有力之競爭者哉

德國於海上之勢力今日已爲世人所共認即將來對太平洋之競爭亦有不容輕視者蓋其膨脹之現象已有蒸蒸日上之勢玆先徵其國內之人口千八百七十一年之頃不過四千百萬人耳至千九百一年已有五千七百萬人是其每年之增殖平均約八十萬人其工商業亦見非常之進步千八百八十二年國中之人民每千人中從事於農業者四百二十五人工業三百五十五人商業百人至千八百九十五年從事於農業者三百五十七人工業三百九十一人商業百五十五人即足以徵其工商業之逐年發達也更查察其外國貿易之狀況千八百七十二年時輸入額約十六億三千百萬圓輸出額約十一億六千三十六萬圓輸出入之總額約二十七億九千百三十一萬圓至千九百年時輸入額約二十八億八千二百八十萬圓輸出額約二十三億五百九十九萬圓輸出入之總額達五十一億八千八百四十九萬圓之巨額且其財政亦頗稱餘裕試核德意志帝國政府之歲入千八百七十二年約二億八百九十四萬圓千九百年之頃約七億三千萬餘圓先不過二十九年間已增五億二千三百六十一萬圓又其事業中之最見進步者卽造船業航

海業海軍力及關於海軍之各種事業是也茲先就其造船業而實徵之千九百年間計八十六萬三千二百八十四噸千九百一年間計八十四萬四百八噸其內除千九百年間之十四萬九千六百九十噸及千九百一年間之二十萬千四百三十五噸在外國船廠築造外其餘皆由本國造船所築成者也要之德國之商船今已占世界之第二位據千九百一年之調査其總簿総噸數得三百萬九千二百二十五噸其中二百四十六萬三千四百十六噸皆商船也又其殖民地之膨脹亦足以驚駭世人之耳目者自千八百八十一年至千八百八十三年移住於海外者達六十萬人計自殖民政策實行以來不及二十年其殖民地已踰亞非利加洲而達太平洋合計其面積約百二萬七千方哩移住民約千四百六十八萬七千人殖民地之經營費約千二百二十八萬餘圓德國之海軍擴張案當千九百年時通過議會之際亘十六年間即至千九百十六年迄計畫築造軍艦之數戰鬭艦三十四艘大巡洋艦十一艘小巡洋艦三十四艘此外之預備艦計戰鬥艦四艘大巡洋艦四艘小巡洋艦四艘而其築造軍艦及武器等之經費豫算約七億三千萬圓外船塢建設費約一億

三千二百萬圓合計達八億六千二百萬圓之巨額云縱觀德意志之現勢於人口於商工業於外國貿易於財政於殖民地於造船業於海運業於海陸軍皆非常膨脹而其影響遂橫渡太平洋而來又自千八百九十八年强佔吾國之膠州灣以來勢力經營不惜巨資以敷設山東鐵道今日已開通者有由青島至濰縣之線路試核其布置膠州灣之經費千九百年頃約四百八十萬圓千九百一年頃約五百三十七萬五千圓而其對支那貿易利害之關係亦復不淺千九百年頃出入支那各港之德國船舶三千二百五十七艘計重四百三萬二千百四十七噸同年德國對日本之貿易由德國輸入日本者二千九百十九萬餘圓由日本輸入德國者三百五十五萬圓是年出入日本各港之德國船舶三百九十二艘計重百三萬七百七十八噸準是以觀德國今日於太平洋之競爭既已著著爭勝將來太平洋各方面德意志勢力之活動可刮目而俟之也

雖然太平洋競爭中之最有力者其美國與日本乎美國現情之膨脹國勢之發達固世界列國所同聲驚歎者也其領土由百卅七萬八千九百八十一方哩而開拓

至三百六十萬二千百廿五方哩矣其人口由六千二百六十五萬餘人（千八百九十年）而增加至七千六百廿九萬餘人（千九百年）矣其鐵道由二十三哩（千八百三十年）而延長至十九萬四千三百二十一哩（千九百一年）矣其石炭產出額由一億七千百四十六萬千餘噸（千八百九十六年）而增多至二億四千五百四十二萬二千餘噸（千九百年）矣其外國貿易額由輸入七億八千百四十七萬餘圓輸出八億五千五百七十七萬餘圓合計十六億三千四百二十四萬餘圓（千八百九十年）而推廣至輸入八億四千九百七十一萬餘圓輸出十三億九千四百四十七萬餘圓合計二十二億四千四百十八萬餘圓（千九百年）矣其船舶數由四百六十八萬四千七百五十九噸（千八百九十一年）而增進至五百五十二萬四千二百十八噸（千九百年）矣夫美國本農業國也而自工業漸次發達以來其輸出品中乃不僅以農產物見著即一切製造品物亦日見增加自千八百九十五年至千九百年之間工業之進步百分中如二四·九五與三二·五四之比故昔日被困於歐洲之產業界中今一躍而爲製造出品國之巨擘矣而其財政經濟上亦甚見膨脹美國向來之資本大半由歐洲輸入曾幾何時竟成爲歐洲各國之債主觀世界之

金融市場漸由倫敦而移入於紐約是其明證也故今日美國之勢力一面越大西洋而蹂躪歐洲之市場一面渡太平洋而睥睨極東各地其氣焰之雄壯聲勢之偉大眞競爭中之驍將哉

美國之經營太平洋各方面也挾其進取之銳氣以擴張海上權力其熱心運動奮發前進列强殆有瞠乎其後之概今日西部太平洋沿岸已延長約千五百哩如桑港西阿爾諸港皆爲亞東交通之地故商業上之關係日加緊切自併布哇占斐列賓哥阿姆及沙馬阿群島之一部以來美之勢力益伸漲至亞細亞太平洋方面今僅就斐列賓一島而論其面積十一萬五千三百二十六方哩其人口七百五十萬人而自歸併美國領有以後努力經營益臻發達如外國之貿易千九百年中輸入約五千七百八十四萬圓輸出約五千五百六十九萬圓合計達一億千三百五十三萬圓又如支那貿易之狀況亦逐年增進千九百一年由美國輸入支那者二千三百五十二萬餘兩由支那輸入美國者千六百五十七萬餘兩合計達四千萬兩千九百年出入支那各港之美國船舶百三十二艘計重四十七萬四千四百七十

九噸至其與日本貿易更日見增大千九百年中由美輸入日本者六千二百七十六萬餘圓由日本輸入美國者五千二百五十六萬餘圓同年出入於日本各港之美國船舶百三十五艘計重卌一萬千百八十噸至若美國對東洋全體之貿易比諸列强實獨見有急速之進步千八百九十一年之輸出僅四千萬圓耳至千九百一年則達一億千五百萬圓又同年期間自東洋輸入者則由一億五百萬圓而遞加至一億六千二百圓是其發達之神速不甚可驚耶觀美國銳意擴張東洋貿易事業既延長極東之航路復對航海業者給與數多之保護金以獎勵之他如海軍擴張案交通通信轉運機關海底電線及開鑿地峽運河等類無不極意經營而不敢稍怠者何哉蓋美既爲太平洋競爭者之勁敵則安得不大伸其海權以與列强相角逐哉

若其日本對太平洋各方面則於歷史上地理上尤有特絕之關係今試約畧舉之以徵日本所處之地位西有支那、朝鮮、滿洲、及亞洲之俄露斯東有美洲南則有斐列賓群島、及澳大利亞之北岸故今日日本特以振興海運充實海軍培養國本發

展國力及擴張工業商業爲唯一之要務誠以欲保全其國際政局之地位則不得不先制海權以與列强相角逐也

嗟乎吾觀太平洋之大勢而不禁爲吾國危也夫列國爭競之態度至今日而達其極點矣其甘擲此數千百萬金錢而互相進取互相振作者曰唯爲此東亞之一大市場耳而返觀吾國則所謂兵權商權礦權交通權一任他國之經之營之操之縱之攫奪而佔取之無一事謀抵禦之策無一時籌應付之方數年以後知極東一局勢將轟天裂地以演出一種不可思議之活劇茫茫大海混混長流吾觀列國對太平洋海權問題不得不爲吾國驚告之也

（完結）

大勢

血雨飛騰烏拉嶺

腥風吹滿太平洋

各國內情

孟魯主義

愛孟魯者

偉人乎孟魯偉人乎孟魯

孟魯者西歐國際上之强敵也西班牙殖民地叛軍之護師也彼皇皇烈烈一大主義出現于亞美利加之一隅向順服于大富莫比之西班牙之藩領遂不惜反戈以爭命焉是即國際關係之結果也西班牙昔享有母國之名稱而實行經濟的組織當是時能執西歐之牛耳者曰西班牙矣十八世紀之末西班牙龍騰虎拏之武力漸次衰頹於是列國乃盡脫恐怖主義而入于干涉主義而西班牙殖民地乃爲列國公同注目之中心

何以故以西班牙殖民地實堪爲富大無比之樂土歐洲政治家羣豔之豔則忌忌則思奪之矣彼常以爲西班牙不得獨占此利益而於商業上最有勢力之英國對之尤爲垂涎及西班牙既衰有不能常保其屬土之勢于是殖民地問題益惹歐洲

君主之注意決言之已有『西班牙殖民地事件須依歐洲各國公治之』之概歐人之于土地也得寸則寸得尺則尺而於其侵略方法常以『利益均沾』爲拒絕非同洲人攫取所有之上宗是蓋行于吾中國而百得百效者也雖然歐人將以此方法行于同一目的同一主義之亞美利加之主人翁乎適促其對待的反動力而國際政局又爲之一變是爲孟魯主義出現世界之原因

試一究西班牙殖民地獨立問題實含有商業關係之意味二者皆於歐洲有絕大之影響者也昔者歐洲列强各提其排外之政策以謀其殖民地商業上之布置忽於西班牙而强爲之援手非自背其初誓也又非好行其德也而出此實以此問題兼有政治商業之二大動機於是以政治爲主以商業爲從翩翩共舉欲亟達其協同服叛之目的而使歐洲主義佈散于新世界而莫之遺此實歐人之用心也不寧惟是彼等既以武力助西班牙律以以德報德之義不能無所報酬一方自西班牙觀之吾殖民地既失而復還即稍稍分割以畀之亦非爲失計而共達于勢力平均之効果時乎時乎若不可再

雖然亞美利加無人乎彼合衆國民之信念之抱負素含有『美洲者美洲人之美洲』之要素彼以加拿大美旭皮流域及和蘭利大已爲歐洲列强劇戰之要點而大妨其國體之活動激昂而起誓不終日。

此時忽有爲美洲意外之奧援者則英國是也合衆國昔爲英國殖民地英國思想恆趨于保守的國人忌之乃脫其羈絆而獨立是時歐洲列强反有助美以抗英者故英國關于西班牙殖民地獨立問題亦以相當之政策報酬之且英國于西班牙常有絕大利益之關係因而生絕大之野心而以特殊的政治主義以自行其所欲行其時英國政治黨與反對黨對于西班牙事件亦有同情觀于英國政治家『他國內部之爭（即母國與殖民地之爭）使非國際問題則他人不得干預』一語可見英人設施之大概矣。

英人旣抱一局外中立之目的故對于亞美利加而同爲神聖同盟之抗敵明示歐洲各國不得干涉西班牙內國之事設同盟諸邦背違宣言而自以武力加於南美則英國當共否認之吾按其行事當甚感英人之能持公理焉雖然公理者虛物也

欲實運之必有一物焉貫于其中周于其外循環于其上下而後可也此物惟何曰勢而已矣當時英國對于列強爲勢力莫敵之大國而合衆國亦能與之相頡頏東方一鱗西方一爪兩相幷合而成一形式的協約雖曰形式的乎而列強懾于此而有所不敢爲者亦曰此而已矣

雖然英美兩國之對于神聖同盟固未嘗有一致之目的不過一時適合之事耳凡人之能守公言也太上則以公理其次則以公利公利不存則率然而終叛之矣故嗣後英國對于殖民地事件甚形冷漠惟以殖民地競爭之熱度尙趨高等又其馳騁美洲大陸之野心尙怦怦其欲動此實英國對于神聖同盟之本志也雖然美人旣負一孟魯主義而前驅而進征一往直前之勇氣已噓吸歐海之狂波而自爲其皷盪英人區區之懷又安所用哉嗚呼又安所用哉

然而茫茫大地芸芸種族如是其大且昌也英國于亞美利加之一隅雖不能任其所欲爲而於殖民及商業進取之政略猶時時一試其雄鳴此吾敢斷言者也以是之故故英國對于孟魯主義雖未能盡表同情而孟魯敎書中固有『同盟列強之

政策亞美利加無論如何不可不處置之』之一語此固英國所樂聞者也當時英國對于神聖同盟蓋有兩種觀念其一以五國同盟卬其目的要在維持各國領土。而英國亦僅此中之一國其一則神聖同盟蓋以鎭壓各邦革命之運動爲目的者。英人于此不加盟焉。自其表面觀之亦有贊成孟魯主義之意雖然孟魯何人也彼全美洲之護師也其聲言曰『美洲者美洲人之美洲』斯言也其不利于歐洲各國如何其不利于英國又何如

然則此人以孟魯主義爲英美兩國協同之主義者抑亦淺人之見矣。抑不僅此即神聖同盟之對于西班牙殖民問題亦是爲其反對焉神聖同盟也西班牙也英國也亞美利加也各挾一別有懷抱之內相而爲之縱爲之橫外交界錯綜變化之奇觀非登堂入室而審其內容察其措施則未有不爲所愚弄者也

方孟魯主義昌言之前二日。國務卿亞達摩與駐美英公使論及康毅之政策其言曰。

今英國對于西班牙殖民地獨立問題大倡公義。不許落于他國之手。其點適與

大勢

合衆國爲一致。雖然此兩國一致之因亦以兩國利己心適然一致耳謂歐洲政局有所變更夫亦安可測哉英國國勢素不受歐洲之拘束將來政局變更必以政界措施之漲落爲差。然則自此以往歐洲最後之方法于其領分土地之結果其果能得達目的與否今日未可逆料也

當時英國之地位頗有自由旨趣。故亞達摩言及之。一千八百二十二年三月間。合衆國既認西班牙殖民地之獨立時英國猶豫未決直于一千八百二十五年。始公布承認西班牙殖民地獨立之旨。雖然康穀之意所以謀舊世界之利益而非所以謀新世界之利益若然英美焉得不反對乎

夫欲知合衆國孟魯主義方針之結果當先就其境遇而一一研究之一一踐履之蓋孟魯主義者合衆國境遇中之產物也是有二要素焉其一則位置其一則實力也二者合而堅忍有力之大主義于焉生而常以此二要素之消長爲此主義之消長方此主義發生時代。合衆國國力未未强也英固欲自噬其肥者。而以觕劣之土地蹴爾而投于合衆國國門之前既而孟魯主義出世英美二國事實之競爭益益

加烈遂乃乘風轉帆迫而爲合同一致之擧勢之所趨至神至明至不可測度焉故君子貴審勢

抑英國于亞美利加之境遇誠不得謂非天然矣而其經營之手段適與合衆國爲目的之競爭而成犄角之勢此兩兩衝突之關係適益促新世界成立之進步至於領土之擴張固將來必到之程度不待知者而已決矣　（未完）

各國內情

有美一人
傷如之何
寤寐無爲
涕泗滂沱

大勢

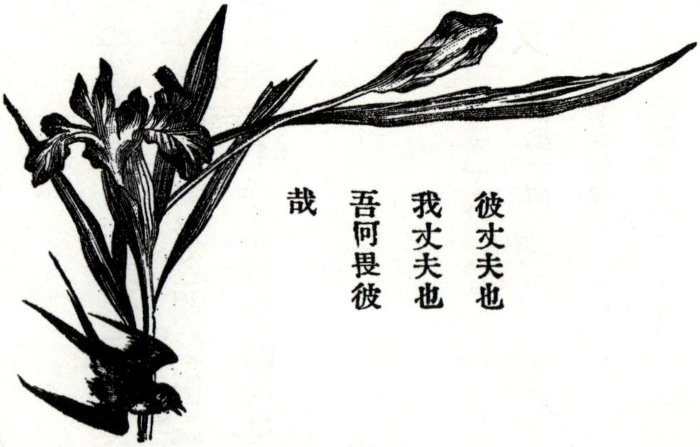

彼丈夫也
我丈夫也
吾何畏彼
哉

談叢

野獲一夕話

匪石

嗟南宋六陵

吾中國數千年來有獨一莫比之奇辱其蒙元百年史矣彼蹂躪我土地奴屬我人民一切姑勿言其發掘宋陵胡爲乎宋端宗景炎三年即元至正十五年西僧揚喇勒盡發宋諸陵在紹興者又欲裒集諸陵骨雜牛馬枯骼鎮爲浮圖宋遺臣之在元者方媚新朝排同種未遑也浙東義士廼大哭曰唐珏貨金爲酒食以饗諸少泣而告之曰「吾曹皆宋人安忍陵骨之沒願以他骨易之已造石函六刻紀年一字爲識自思陵以下隨號收殯焉」衆如其言得合葬於山陰之蘭亭曰林德暘故爲杭丐鑄銀兩許小牌百十繫腰間盡以賄番僧期得高孝陵卒以骨歸葬于東嘉古者

談叢

國亡則夷其社遷其主而止蒙元以異族入主中國屠戮之未足則推刑及于死王墟屋之末厭則暴威肆於陵寢國破山河在城春草木深每一諷誦輒歎非我族類之不可與一日居而所稱「革命家朱元璋」其人乃遲遲至百年而後興然則吾國人之有奴性也固已久矣明嘉靖二十二年乃祠雙義士于會稽距元已數百年試問地下雙義士之靈尚歆享數百年後羹一鍾飯一盂否

虛無黨製造家

吾甚恠俄皇何恠爾恠俄皇手提其完全專制之用器（各警察陸軍宗教等）而日日製造虛無黨以反殺故

一殺不可再殺之再殺不可三殺之至於八如俄皇亞歷山第二者眞虛無黨効死之功臣哉述俄皇被刺次數如左

第一次　千八百六十六年帝乘車出游忽有發銃擊帝者工人某奪銃還擊帝德之編工人入貴族部賜以祿秩而帝無恙

第二次　千八百六十七年七月六日法蘭西開博覽會於巴黎是日帝與法帝拿

破崙三世同車俄帝二子從忽有發銃擊帝者中馬馬斃將發第二彈彈腔驟裂遂被縛而帝無恙

第三次未詳。

第四次未詳。

第五次　千八百七十九年四月十四日帝方至外務省比及門外虛無黨人肅露淑忽逼近帝前數試狙擊帝僅受微傷肅氏卒就縛而帝無恙

第六次　千八百七十九年十二月二日帝巡游莫斯科方自鐵道乘車發俄京虛無黨員於距莫斯科數里外旁鑿隧道屈曲通坑于鐵軌之下置電火其上等焉深有戒心先以運物列車往列車發聲吐煙黨員以爲帝車也電觸伏發列車飛空而帝無恙

第七次　千八百八十年二月十七日帝方居冬宮虛無黨員潛於食殿下裝置地雷將以晚餐時弑帝帝平日食有常時是日過時未至電爆發死者五十餘人而帝無恙

第八次則俄帝製造虛無黨功德圓滿之日也時帝方出觀兵忽于車中聞破裂聲急推車窗着無裂上衣闢戶且出惘惘間次彈又至直投帝足此時第一彈煙未全滅加入次彈硝煙咫尺不辨煙滅警吏馳至則帝尙仰臥破車旁兩足盡裂血自胸出顏青色乃命從者返帝於冬宮而獲投丸者二人歸一人曰帝其崩乎警吏遲所答一人曰余以是知帝果死矣廼同聲大呼曰嗚呼俄民萬歲嗚呼俄民萬歲乃行僧禮餂十字形又互接吻遂就刑

翌日新帝即位忽於臥榻之側發見虛無黨書書曰

『自今六禮拜間當制定俄羅斯憲法否則行且殺爾』

又虛無黨員于三月二十三日奉活版搢書於新帝曰

『陛下幸赦革命囚則臣等當棄擲武器爲報』

又呈建言書於政府曰

『願要求普通撰舉權及演說印行之自由政府其許之許之則吾輩對于政府決不爲粗暴之舉』

千八百八十一年三月二十四日民意本局

方投丸者之就執也自其懷中撿得爆發器又有種種玻璃管或實以綠礬或以水銀或以鹽或以他種調合物問之博物家以是爲至猛烈品也又砲兵學校博士某自其坑道當鉄軌之中心撿得爆發品凡重八十餘磅有壜子一充以木炭及多種之混合料又錫壜一坩以圓形之導火管充水銀焉其機關則置於市店之鄰倫敦支那新聞曰數日前有濮新澂者自投書于同地警察署長乞加保護濮氏向業鐘錶嘗受虛無黨賄囑密造殺帝器旋悔故自訴署長訊之濮氏曰余於千八百七十九年就職倫敦一日過割烹之居則一俄人一德人相偕至談頃余以余業告且示以新製雛器二人乃乞造爆發器將以百磅金爲酬又曰毋洩洩則害及于汝余以是懼故來陳也

同時法蘭西人某自瑞西報于巴黎曰余於此地得聞虛無黨陰謀知謀此者亦已有日同日謫居瑞西之同黨人苦望不得報虛敗事矣忽聞俄帝被殺之訊喜極而狂曰此次選五人往其投第一彈者則新入黨者也方擧事時議以一擊不中則以

叢談

再再擊不中則以三以此引續擲發于帝宮云讀者試思之以地球上警察軍備最完全之專制國之俄帝而自一以二以至于八卒被戮于虛無黨黨人之手則於警察軍備未完全之國之學爲專制主者直以一夫之力捽而去之耳雖然其未完全也乃其所以生也苟完矣苟全矣彼虛無黨亦將以時興物理學公例曰壓力與抵力常相均然則能製造虛無黨者吾不曰虛無黨必曰地球上警察軍備最完全之專制國之君主

洪秀全國際談判

方前四十年歐洲革命餘波瀰漫奔注於亞洲之東部時則洪秀全起於廣西以恢復明室爲名西人號之曰中國革命軍彼都健兒翩然來遊後先左右爭相策應咸豐三年洪軍破厦門禁掠西人物且以書遺之英將脫斯登迺乘汽船上長江探事。以是歲三月十五日解纜越十日抵江寧洪軍偶望巨船來則以爲攻己。砲擊之壞其船尾英將升白旗答語洪軍有識升旗事例者迺以小艇迎之。英將既見秀全。縱談極浹。將歸。秀全與英將約曰。『今我覆苛虐專制之政府救人民崇自由以立太平天國之基礎且吾與汝邦爲同宗旨之弟昆自今亞歐兩洲得共同享受交通上最便利之幸福』英將又以金陵方亂西商麕集上海求毋相妨爲辭秀全又約曰『通商大局自當顧全吾果得志彼此相安至若鴉片一物害人殊甚而貴邦斷々以兵力爭之毋亦文明國民所恥爲乎其勿來中國』英將然其言遂與秀全結密約而還（事見日人某所箸滿淸紀事及曾根俊虎淸國近世亂誌兩書）吾嘗問之故老秀全既得金陵自稱天王建號太平天國禁婦人纏足崇一夫一婦之制又解釋男女束縛一變交際之風婚禮則以大僧正司其契約一切制度法令要皆規仿泰西夫秀全持種族主義提兵中原號召天下西歐人士亦已公認爲漢族復國之事件徒以令德不終驕盈漸恣楊韋相賊法度墮地自破一夫一婦之制倡言上等社會人得娶妾媵又攻城破邑時屠殺同胞犯文明諸國之所大忌於是東西豪傑知秀全非純爲中國革命家其人爭捨而去反挾淸軍共勦之而洪氏乃不二十年而亡嗚呼

叢談

白雲山上盡
清風松下歇
欲識離人悲
孤臺見明月

廻瀾叢話

公猛

華盛頓之改過

華盛頓幼時讀書於小學校。其教師嚴厲。學生有過。則苛責之。一日華盛頓有小過被教師嚴責。華盛頓怏怏不樂。遂自忖曰。『先生先生。何待余之酷也。余甯去而之他。不願受先生之戮辱。』遂整理書籍。棄學而遁。

既出學校。不即家歸。躑躅田野間。仰視晴空。數行白鷺。俯看流水。滑滑有聲。繁英雜樹。多不知名。芳艸礙人。長堤一碧。風飄飄而吹袖。芳菲菲兮襲衣。華盛頓對此。若有所思。若有所悟。若有所不慊於心者。

即翻身上前。展所携書袱。取書讀之。大有所感。遂抛書於傍。碧眼耿耿。秀靨融融。自言自語曰。『任先生所爲。縱令先生待余酷。然余寔有過。余之良心。決不能放過此過也。』徑赴學校。向教師而謝罪。

菩烘之克己

談叢

佛國博物學大家菩烘每朝黎明即起不事朝寢得此習慣甚費苦心據其自記之言曰。

余少時有朝寢之僻以此失時不少因招茄助者（彼之僕人）使起余膏肓爾後六十五年間爲余盡力余稍宴起即來喚余習以爲常一日余與伊約曰若能使余每朝六時即起則一回與爾一銅幣翌朝茄助以事來余起而處分其事事畢又就寢。次朝茄助又來余大怒茄助戰慄恐懼而退。午後余起謂茄助曰『余失時而汝不得金兩者交損自後余雖以威脅爾爾毋懼爲』翌朝茄助來喚余先述余言而謝余又大怒茄助不爲動搖余身使起初起時胸中作惡少焉向茄助服禮且踐前約而與以謝金焉余今日固著作等身矣不知其中十餘卷皆茄助之所賜也

達蒙與畢茶士之友誼

昔有爲吏於蟹溝士者禀性殘酷蟹溝士人苦之怨聲載道欲有以除之陰結徒黨。不幸而謀洩首事者被捕以死刑定罪中有達蒙者蟹溝士對岸之人也當臨刑之

前欲歸故鄉。告永訣於父母妻子。以告王。王許之。然彼固罹死刑之囚徒也。縱之使歸。其肯再來服罪乎。王因向達蒙曰『爾親友中有肯代爾爲囚者。爾若不歸。代爾受刑。則縱爾還鄉』意蓋謂天下斷無肯代人受死刑之親友也。

居無何。達蒙之友人有畢茶士者。徑至王前。請代達蒙受囚。而縱達蒙使還鄉。王大驚。遂如前約。縱達蒙。而繫畢茶士於獄中

日月如梭。刑期將至。而達蒙不來。畢茶士之心情果何若。王欲窺之。因至獄中謂畢茶士曰『爾之友朋顧復來乎』

畢茶士對曰『王誤矣。達蒙之欲來固甚切也。特以風烈濤惡。野渡無人。故後來耳果其後來。要亦甚善。余無妻孥之累。深願代渠受刑。且目睹愛友之死而不能救。不如死之爲愈也。吾深祈吾友達蒙後吾刑而來』

忽忽不覺。刑期已至。而達蒙尚不來。畢茶士自獄中牽出。而上斷頭臺。遂仰天而祝曰『吾遂吾願兮。吾知吾友達蒙爲精誠貫日月之人兮。吾知吾友達蒙爲浩氣塞

叢談

乾坤之人兮倫其歸來兮吾願吾友盡瘁於天職而無相違兮』」

時乎時乎間不容髮行刑者已提白刃而來矣畢茶士之頭不轉瞬即將落地忽見有策馬疾馳自遠方來者人不吹息馬不停轡如疾風如驟雨一剎那間已到臺前嗟乎此何人哉此何人哉張目而視之則達蒙其人也則且其翻身下馬飛上刑臺擁畢茶士而哭曰『嗚呼義俠之吾友天福余而使余救吾友吾幾害吾友之命吾之痛心果何若乎』

畢茶士面無喜色若已寔應死而非代友而受刑者王聞其言且見其情狀大感二人友誼之篤不特宥二人之死罪且向二人而訂交焉

孟德斯鳩之陰德

孟德斯鳩佛國葡萄府人而法理學之大家也其女弟嫁於馬蘆艘時相過從

一日孟德斯鳩訪其女弟回日已夕矣時值五夏泛舟納凉海濱者甚盛孟德斯鳩亦買舟從之淸風徐來水波不興披襟當之嚴炎頓釋西望紅日潭潭欲暮倒影澄空金光萬道蕩心娛目樂哉此遊孟德斯鳩不欲自樂其樂而欲與人同樂因喚舟

子與之俱。

此舟子年約十七八語言羞澁面白而神淸但爲夏日薰炙少露憔悴情寔可憐孟德斯鳩怪之以爲不似尋常舟子因問焉少年對曰『我固非業操舟者蓋嘗讀書於學校矣今特受雇於商家凡星期祭日之夕欲覔蠅頭利故爲此耳』孟德斯鳩聞其言益怪之曰『君之行蹤一何奇也其間必非無故者外人可得聞乎願知其詳』少年對曰『噫先生欲叩吾身世固易易也然我言之反惹先生悲我父名羅善府中良商也一日以貿遷故滿載商品出航海外不幸遇海盜船與商品共沒於賊幷捕吾父使爲奴隸得贖金千二百圓方肯釋吾父回然吾父啓行時將家財盡購商品以去家中無有餘者某尙有一母一姊一家三人晝夜勞働節衣縮食思積金錢以贖吾父而無如母姊力弱所得無多某雖受賃於商家然所得僅此區區賃金而已欲待某三人所得以贖吾父恐河淸難俟而吾父之墓木已拱矣……先生先生倘星期祭日欲與二三知己放乎中流以永今夕願先生招某某當竭誠盡力以待先生』……言訖淚下

叢談

孟德斯鳩聞其言悲從中來不能自已強制之使不露微加贊歎並使少年續其說詢其父及海盜姓名住址無遺漏少年不知孟德斯鳩爲何如人一一詳告之無隱情孟德斯鳩悉聆其言愈悲其情之摯而遇之窮

長談不覺夜已過半遂回船告別少年事後追思曰『今宵之客不知爲誰雖然其爲非常人無疑其牢記之毋使忘』

時光容易已盡六週（禮拜六）一日少年歸家與母姉共飯粗糲道前夜事嘻吁不能休忽聞戶外有敲門聲啓戶視之昂然一丈夫也月影糢糊燈光明滅親乎友乎不及細認聽其言曰『何鐙之暗也!!!』噫嘻異哉!!!此我父之聲也是耶非耶眞耶夢耶胡爲乎來哉

細問其由來知已脫奴籍挾旅費而回骨肉四人驚喜欲狂共道別後苦況喜極而泣忽忽數日羅苦曰『然則救余者誰哉!!!』少年對曰『噫我父……兒前夜載客納涼救我父者殆此人也兒時爲母言其事噫何日得再逢此恩人以表我骨肉之喜謝彼山海之恩乎

羅善不料爲不相識人所救歸家後採問親故得其資助復營商業家計漸裕爾後竟得大富一家安康以卒歲年

然而少年求恩人之心固不能一日忘也大邑通都冷街僻巷隨處搜求忽於日曜之朝六達之衢遇之少年驚喜飛奔其前長跪而請曰『噫恩人……』是時也以喜極之故胸中種種謝忱吶吶若不能出口祇道其所可言者而已其人問曰『嘻異哉爾所謂恩人者何喜之甚也』少年對曰『先生何爲其然也先生豈忘之乎先生固贖吾父歸來而使吾一家得安康以卒歲之大恩人也……』其人復曰『嗚呼吾友何所見而以此事爲余所爲天下之慈善人多矣苟救君父豈有不欲使人懷其惠知其名向竟默默無一言乎君誤矣』扶少年起放手遁入人叢中忽不見自後遂不復見究不知爲誰氏所爲

孟德斯鳩當時爲葡萄府公會議長辭職後以二十年之心力殫精竭慮著萬法精理一書名轟世界歿後苟得其片紙隻字珍若拱璧或人得其手帳內載以一千五百元送與英人蒙氏而其故不詳當時蒙氏爲康奇枯地方銀行司出納作書問之

得其復函曰。『此金奉葡萄府公會議長孟德斯鳩君之命交與光盎之海盜贖一馬蘆艘商人歸來之金也。』於是世人始知此事爲孟德斯鳩所爲此事胡奈意盧親聞自羅善之親族云。

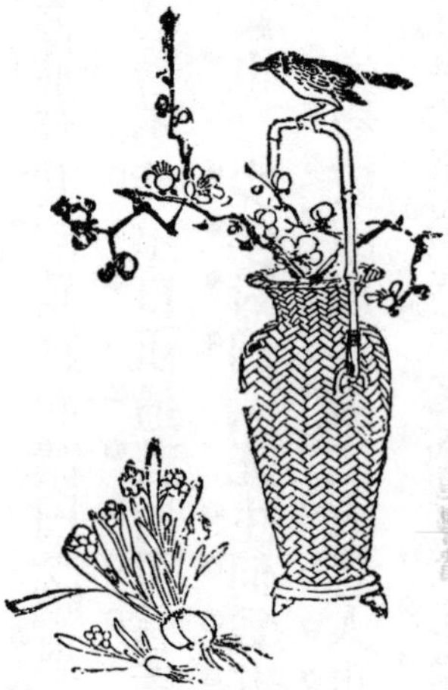

時評

◎內國之部

●死榮祿與生慶王

頃讀日本朝日新報云榮祿於三月十四日病故同日慶王奔赴保定協議皇室要務乃仰天大笑賀死榮祿廼伏地痛哭弔生慶王

夫榮慶之各樹旗幟以爭門黨久矣榮挾西后以行其頑固主義外籠聾聵之督府內結骨董之閹宦庚子一役幸脫漏網今且惡氣傾天下矣私賄公行府不盡藏候門之客應接不暇勞矣苦矣今忽寬容大度長然一逝以任慶黨之如何而翛然自去于無人之鄉若是焉得不爲榮祿賀

慶於庚辛間頗與榮爭權力榮勢燄既熾慶復退處今若此正慶得遂其數十年志願之時會也雖然吾中國將來日趨于種種破壞之原因亦已於榮祿生時自造之其果也忽忽不及見而死而以此龍騰虎拏之劇戰盡遺于生慶王之一身慶實榮祿之替身也安得而不弔安得而不弔

●王之春其倀歟

時評

桂省民亂久不能平在位政府畏避不進今法人聲言干預巡撫王之春不獨不能嚴拒而反與之訂約以全省礦務鐵路之利權爲平亂之酬謝法人聞斯約後必再拜稽首重謝王之春王之春之爲法人謀果亦無愧於心然轉爲中國計中國行省僅十八以自國民亂而即以一省訂與外人則中國十八省不値幾次之答禮矣我乃念剛毅『寧贈外人不與家賊』之誠言

◎外國之部

●世界大公司

二十世紀中其影響足以震撼全球者有二國焉曰俄美俄以兵美以商

頃聞美國有巨商豪富數十開會於紐約商議世界公司之事定議開總公司於紐約上海兩處其餘各要埠均擬設分理公司以囊括世界之利權至其一切章程等欵皆將定議云此實自書契以來未聞之一大事業而其影響及於全球至劇且大於吾國爲尤甚

何則二十世紀之劈頭列强所耽耽而欲爭取者東方無盡藏之中國也欲建鐵路則訂密約以盤據之欲握礦產則挾賠欵以要求之其他如電報局報稅關之屬迺至私賄政府交通閹宦以數萬金錢百方機詐而奪取之此盖已來之各國挾公司而施於中國者也今世界總公司不設於歐洲而設于東亞不設于日本而設于中國則其注意於中國不在囊括二三鐵路包舉數十礦山而欲直搗二萬萬方里神洲之寶藏以造就一

最富黃金國之外府此固白人囂張演說臺所已經拍手贊成之素志也所欲告者曩英之亡印度於不十餘年僅七萬磅之小公司今美之世界公司什百於英則其亡中國必更速於印度演正比例之算式以推算之其在目前矣嗚呼吾身顫

雖然天演之例不患人之謀吾而患吾之不能制人吾中國苟人人能一心力以結大商隊竭財產以創大公司而着眼於國際貿易競爭於世界權利若廣東伍梁二君創中國輪船公司航行於香港與美洲墨西哥間以與歐美人角逐海上權利則今之美國世界公司安知他日不即爲中國世界公司歟嗚呼吾同胞嗚呼吾同胞盍不速起以奪美國世界公司之先聲

●俄日開戰之風聞

四月八日爲俄國撤兵於滿洲之期迨三月間俄軍尙廣購器械糧食致英人大生疑忿嗾日廷嚴詰之遂起俄日開戰之謠吾國某大員聞之主虎狠相爭獵者得利之說銳意勸俄與日開戰嗚呼是恐法儒瓜分之議不果而促之使因也

何則俄之不肯撤兵者爲盤據滿洲英之嗾日者爲保守楊子江日之願爲英謀而與俄開戰者爲顧全福建一則爲盤據滿洲一則爲保守楊子江一則爲顧全福建均無非爲中國之土地也俄英日旣均爲中國之土地而至開戰任取一地以當戰場則是地之民死抑不僅此各國皆將派艦遣隊以觀兵于我中國而瓜分之期至矣

嗟某員來前。爾以爲俄日開戰。爲爾之福耶。爾祖恫矣。爾家毀矣。爾身亦且將犧牲于東方之戰場矣。

時評

●海軍世界

橫覽東西報章。二十世紀之世界。眞眞海軍發達之世界也。

俄國於去歲終。總算千九百零二年造船經常費至三千一百萬留。臨時費一千八百萬留。總達四千九百萬留。較一千九百零一年。既增多八百萬留。尙擬於今歲再籌巨費。添建戰鬬艦三雙。巡洋艦三雙。運送艦一雙。水雷艇數雙。

日本政府於去歲。既議增添水師。因上議院批駁。終未成議。現以下議院謂此乃國勢強弱之樞紐。頗爲動念。故日廷不日擬添船艘。除魚雷艇不計外。大船八艘。共計八萬五千噸。合現有戰鐵甲船六艘。共十四萬五千噸。而增添之噸數。較舊有已逾其半。

英國於三月七日。在下議院經畫擴張海軍。海軍費之總預算額。達三千五百八十三萬六千八百四十一磅。較諸前年。增加三百二十萬二千磅。而該總額除修膳及維持費外。主張築造戰鬬船三艘。一等巡洋艦四艘。裝甲巡洋艦三艘。警備艦四艘。水雷驅逐艦十五艘。及潛水艇十艘。

美國亦於同時開議會。提出海軍擴張之問題。於三月十一日。經上下兩院協議。修正海軍擴張案。支出海軍經費八千八百八十七萬五千弗。幷添造戰鬬艦五艘。巡洋艦二艘。

德國聞俄日諸國增加海軍。頗生危懼。據德國水軍大臣脫畢斯現宣言云。德國既從外部大臣公爵利去蘇

汾之議將於亞細亞大增水軍兵力

嗚呼覩列强如此銳意擴張海軍雖出於處優勝劣敗之世所不得已實則造二十世紀一極大破敗之原因也極大破敗之始其在東方廣土地富財產之中國首當其禍於德國專注意增加亞細亞兵力微見風釆矣乃吾中國四萬萬同胞尙昏昏憒憒如夢如醉酣睡於混沌之鄉而不知海軍世界爲何時代嗟乎嗟乎是吾四萬萬同胞自甘沈於海軍世界之下夫何言夫何言

◎本省之部

●浙江大學堂

噫嘻何吾所愛浙江大學堂而今若是

大學堂始設丁酉之歲初名求是書院其間學生風潮亦屢見不一見前年冬給各省立大學堂乃改今名歲撥常年費四萬金堂款驟增數倍然學課反益腐敗遂有今年三月十六日之事（參看專件門）學生者將來中國之主人翁也主人今以求學故自出其錢若財假于所謂總理所謂監督所謂稽查之手以代理之則爲總理監督稽查者宜認定「學堂爲學生之學堂」而保護之唯恐其不至今若此總理以下若監督若稽查毋亦謂今日自由平等之說已瀰布于學生人人之腦中不大鋤之患且不測乃稍稍假一事一言以立其威庶可以爲後來戒雖然今日之事與自由平等諸凡顚撲不破之學說蓋無絲毫可

時評

假借學生在堂失物自宜向稽查託緝何得謂爲藉端緝不可得堂中人人自危自宜向總理稽查理論何得謂爲挾制失物既不可還理論又不能受煌煌乎六人斥退之罪言亦已懸布全堂八十餘人之退學辭亦已宣告猶復禮謁至聖相戒勿譁出堂時又復與總理以下諸人行作別禮是學生明明知禮矣夫不躁于後亦必無悖于前又何得謂爲無禮徒以失物不獲共激義憤主學堂者方自愧自艾之未暇而猶敢藉此謀報欲盡排異已者而大去之以自便後日之私圖匪惟有過罪亦莫大于此今者往事已矣吾意總理以下若監督稽查其人其決不因此一舉而遂謀封閉學堂又決不因此一舉而遂引身辭退則今日浙江大學堂之權固猶屬于若總理若監督若稽查之手總理監督稽查其將以學生爲奴乎抑改過不吝而誓能以學生爲主乎如第二說則此後當時時以學生爲目的而盡去私人勉倡公論以大反前日之所爲能若是學堂賴之浙江之名譽賴之不然則今日學生非可以威力屈者異日學生未必甘爲奴者

吾又敢爲學生告曰諸君以失物未緝稽查遽詈總理斥退諸君諸君激于義憤相率退學且復謀建私校意甚良美雖然其勿以爲有名其勿以爲可喜須知吾浙江有如是之學堂乃吾浙人之至可哀者我學生今雖屈今雖可哀然必爲將來中國之主人翁亦已斷斷無疑義我學生當自尊當自貴又循循至勞至苦之一途勉力以行之貞心以持之使我學生今日所草創未遑之學舍而巍巍然爲將來中國國民學校之雄則此次散學之幸願以此爲諸君祝爲諸君勉

專件

浙江大學堂學生退學始末記

辛丑冬。求是書院改爲浙江大學堂。當道聘勞玉初爲總理。勞玉初聘戴氏勍哉爲稽察。戴某者。向爲練軍文案。素工諂媚手段。以是深得總理心。舉一切對待教習與學生之權。盡付之於戴某一人之手。勞惟畫諾隨事而已。戴某於此猶未足也。復引用私人。以輔己所不及。財政則掌之弟蔚哉。教育則掌之兄懋哉。杭人久謂浙江大學堂爲戴氏學堂。洵不誣也。又有屠光甫其人者。乃戴某之內弟。頑劣無恥。目不識丁。戴某亦聯爲指臂。互用其野蠻手段。屠嘗謂戴某曰。學生如此。須一網打盡之。吾輩乃得肆其所欲爲矣。學生聞而詰之。屠應之曰。吾不斥退若輩。吾非屠氏子也。由是學生與屠某更隱不相容。月之十二日夜。適一學生有失竊事。商請稽察搜緝。其時去失物時未遠。以爲物猶在堂。亦未可知。而戴某不獨放棄其責任。反謂學生造端滋事。請於總理曰。余不勝此職。請從此辭。總理固留之。戴因以斥退學生要總理。遂盡列向所不悅于己者。計二十餘人。總理乃除六人名。六人者。乃素最不媚於戴氏者也。其罪辭曰。藉端挾制。出言無禮。學生見之。均憤憤不平。向總理辯六人之冤。總理謂學生曰。戴氏辦事甚善。吾素愛之。不忍其去。此事無論孰是孰否。斥退學生之權。固操於我。即我過。亦不收回成命。爾等合則留。不合則去。勿徒嘖嘖也。學生乃相率而退。聚議於講堂。謂此種野蠻壓制之地。吾輩安能鬱鬱久居。此衆皆涔涔淚下。曰退學退學。諸教習聞之。遂出而謂學生曰。今事已至此。須稍待毋躁。吾等當爲之轉圜。而總理終不允。不得已。復出而辭學生曰。願諸生去後。各自努力。言畢。相對泣下。其時除請假出堂學生外。告退者計有八十餘人。其退學時自治之規則如左。

一不准毀壞公衆器物。

一舉動言論切戒囂張。

一公舉幹事數人。如有與學堂交接事件。須由幹事直接一衆人不得自行外出。有事。須向幹事請假許可。

一退學時須先至總講堂行謁聖禮。繼向總理及各教習各執事人作別。魚貫而出。不得喧譁。

嗚呼浙江素稱文明之區。而其學堂之腐敗猶若是。其他何論哉。特此布告海內外志士。其有聞此言而同聲痛哭者歟。

右浙江大學堂退學生來函以事關全省學務特別立專件門而以此稿實之當時失物者曰陸永恒被斥者曰吳興權韓志嬰劉保申李伯庚祝晉李欽頃聞己租定林司後文昌閣地別立私校矣本誌附識

專件

學生風潮

勉旃

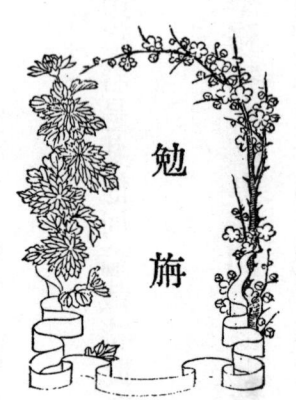

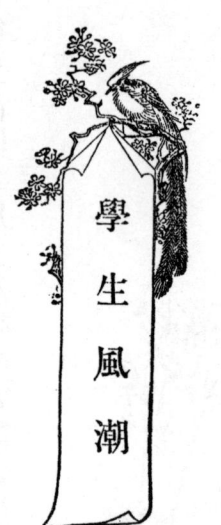

雜錄

三種

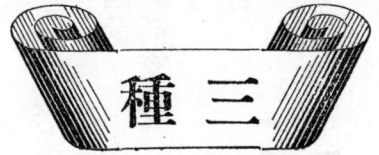

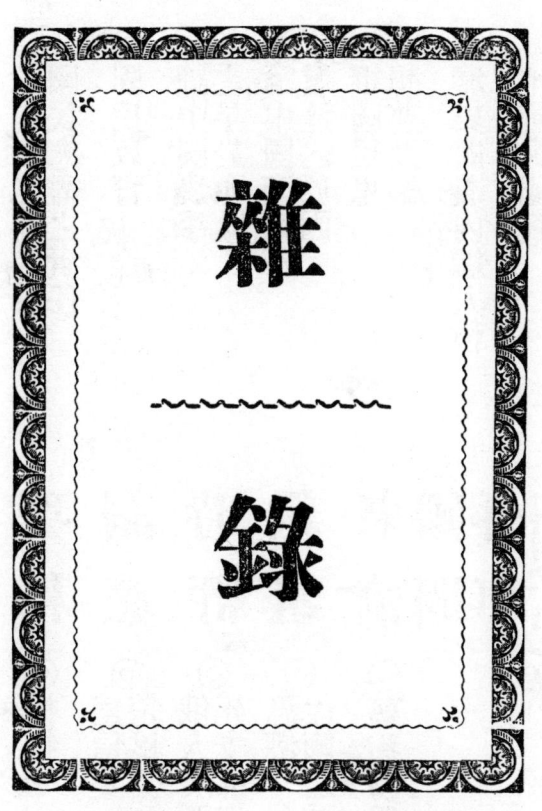

湖北學生界第三期目錄 三月朔日發行

論說 ◎論中國之前途及國民應盡之責任

教育 ◎國民教育

農學 ◎論中國農學之早於西歐

商學 ◎論中國商業不發達之原因

軍事 ◎軍國民思想普及論

歷史 ◎歷史廣義內編人種

地理 ◎地理與國民性格之關係

理科 ◎植物學

詞藪 ◎楚信集 楚風集

時評 ◎俄人於西藏死支那與活支那

雜俎 ◎思潮一勺 亡國之言

來稿 ◎翦辮易服說

國聞

外事

留學紀錄

附湖北調查部紀事

定價 全年二元 ◎半年一元一角 ◎零售二角

郵稅照加 總經售處 上海國民叢書社 武昌中東書社

東報時論

俄兵果去滿洲乎？

俄人經營滿洲久矣雖則久乎是假而不歸者非眞有也而今又正踐舊盟將舉而歸之淸國俄人大國襟度不吝改過於是乎可觀矣世界公論勢力不可得而誣於是乎可知矣未審爲淸國者受而有之閉封自守如故乎將察時勢而顧國情而有所變革乎

拳匪之亂列國聯軍入順天俄國獨出兵滿洲號爲豫鎭壓匪徒北竄以保封彊而此事也猝出列國不意而頗招物議我日本上下人士亦深以此爲疑或內糾合國民同盟俱扶淸國保全滿洲或外抗議俄廷聯盟英國以救濟淸國而維持東亞和平爲事而俄廷君臣亦善聽于衆情誓淸國以劾期定約召遞滿洲戍兵其後尋有第一次撤兵之舉今又將有第二次之舉而距本月前二日即四月八日(陽曆)實爲其期矣夫信義者國家之實人生不可須臾離者也可離者非眞信義也國無信義則列國不親民無信義則內國不和不和則不强不親則援寡國殆吾聞大國不測不測者猝不可信恐有計也而今觀俄國徹兵之實自牛莊始奉天府亦將致之淸兵而去則信義之不可離也盟約之不可叛也雖俄國之大且强亦不可不從矣且夫深山大澤多生龍蛇大國衆民自有豪傑智謀之士老聃有言曰將欲奪之必固與之盖我投人以木桃而恩情之巧使人不得不報以瓊瑤不聽則以力而治之患其無辭則從而生事以加其罪此古今大呑小强幷弱之術也吾

雜錄

嘗讀東西史乘有知其然而俄國外交之術亦往往然矣孫武論戰曰百戰百捷者非善之善者也不戰而屈人之兵善之善者也

清國文宗咸豐十年英法聯軍陷北京文宗出奔熱河時洪秀全起于南方正據金陵英法公使等會議將策秀全爲支那皇帝以新結好通交益利己國獨俄國公使威格那業稱固執以爲不可曰清朝與俄國世世彊土相接兄弟之邦奈何今一旦猝廢之而代以他人其事遂寢而此一言深爲清朝所倚賴也未幾烏蘇里一帶之地不勞寸兵尺鐵而盡入俄國之版圖矣我明治甲午之役李鴻章奉清皇命來約和議于馬關割地賠金以謝前過俄國與法德二邦聯盟託名于救東亞危局而逼我政府以舉其所得之地遼東半島而還之清國而此一事亦爲清朝所倚賴也未幾遼東半島之土不勞寸兵尺鐵而又歸俄人之經畧清國徒擁主權之虛名耳光緒帝銳意改革用康有爲等頻行新政俄國使臣密因西太后親信進說曰徒心醉西洋一時文明之虛飾而破壞東邦千載之政體聘智闢材而遺棄孔孟忠孝之道德決非國之長計也今皇上妙齡氣銳不幸爲姦臣所誑誤敝邦竊爲貴國憾之萬一不得已而用力於清君側敝邦豈敢不效微忱太后心頗爲動未幾光緒有疾垂簾訓政之事起康有爲等一派皆以罪或就刑戮或奔竄于外國而此一事其益爲清所倚賴與其不然則徵諸其後彼二國之事不待智者而後知也夫其外交之巧如此者其事皆屬機密外人未可容易知未可容易知者而漏泄人間業已顯然不可掩則雖其事眞僞亦未可知且存疑可也嗚呼堂堂大國信義之邦四海列國皆望其動靜而爲去就憂喜聯盟以此而成離散以此而生則其事于天下固宜公明正大

俯仰無愧而豪傑智謀之士爲國計者每每如此老聃孫武之論未可以其人既爲枯骨而全廢其言也然則俄人今日撤兵之擧其始于牛莊及于奉天者其果可信乎抑未可盡信乎以爲可信也吾安知其非不日復有所謂未幾之事乎哉

我東京朝日報於本日報紙載北京電音曰俄國政府新聲言曰『鴨綠江上流俄人所租借之地有山林爲日本人所放火政府義不可不問其罪而發船艦向于其地水路頗艱不可不取路于陸地今將出馬兵五千于滿洲』此等事亦所謂欲加之罪何患無辭之類俄人藉口以遷延其撤兵之期未可知也夫我有疑心則生暗鬼風聲鶴淚以爲敵至自古旣有明誡俄人有鴨綠之警則是鴨綠之事耳其於滿洲有何關繫哉然而今遽警警然言之未免過慮也唯夫不測者大國而其實信義之難恃也計謀百出其與之者非眞與之者乎其奪之者亦非眞奪者乎又非非眞奪者乎變化無窮吾殆惑焉蓋以跡言之則俄人今日之擧遵約踐誓而滿洲全土所謂祖宗發祥之地其歸淸國有日也我日本上下人士亦不得不爲我同盟隣邦賀之而尤不得不爲俄羅斯大國盛揚稱贊其敦信義而重公論之美德也

抑又自一方而論之則土地者世界之土地人民者世界之人民也世界列國廣狹衆寡各不盡同有土地廣而人寡者有人衆而土地狹者有人力已盡而地力不給者有地力有餘而人力未至者善爲國者善爲天下計者也善爲天下計則大凡如此者勵其未至而致于有餘移其已盡而補于不給此之謂裁成天地之宜輔相天地之道今列國盛唱開放滿洲公容外人者實爲此故也夫滿洲沃饒廣土而人烟稀少置寶庫于中野

無人可以守則盜賊白晝公然竊之此非獨盜賊之罪易曰慢藏誨盜清國君臣宜念之

榮祿密謀之披露

戊戌以來凡三大案一曰廢上訓政一曰立嗣圖弑一曰通拳排外中國危亡京邑破壞皆出於此凡禍首諸人皆罪惡滔天矣八國以公使被殺使館被圍力索罪魁頃誅一王二相三大臣若已死之剛毅徐桐李秉衡並削爵擬死近聞端王亦賜自盡八國追原禍始沿及訓政立嗣二案凡小臣有上章陳請一言偶及謂楊崇伊黃均隆何乃瑩陳夔龍余誠格之流皆請誅除所以爲中國除舊布新所以爲皇上誅賊安位亦庶幾於除惡務盡拔本塞源矣惟最可異者榮祿實爲廢立訓政立嗣通拳三大案之首魁乃獨令脫然事外以貽中國無窮之禍本以留太后心腹之密謀以生皇上蕭牆之隱患斯眞不可解矣夫通拳排外之案何爲而生哉生于戊戌圖弑未成于是權行訓政而幽廢聖主以疾也皇上何爲而幽廢太后何爲而訓政生于李蓮英讒人守舊之見而一切決成于榮祿也自幽廢圖弑不成而立嗣立嗣不成而通拳排外以張其威詭謀逆策百出不窮至于京破國危而後止至事窮勢敗則又預先歸罪他人而結歐公使以求倖免則又果免則榮祿之視翻弄西人如小兒搖動君國如奕棋更張其逆膽矣夫考實事者必當徵信舉大事者皆視兵權今以三大案之徵信考之

三案之時期誰有當國之事權誰握全國之兵權誰爲太后之心腹誰參帷幄之密謀誰爲一國所指攻誰爲

書札奏牘之流傳合而考其時期之事實罪狀之是非無可逃矣

光緒十五年後大后名雖歸政而日閱奏摺一切仍總政柄故皇上無權而惟宦豎李蓮英弄權上惡李蓮英索杖之二十李蓮英恐爲上不容彼日夜譖上于后前比帝后隙所由來也當戊戌前恭邸爲相雖守舊不變然坐謀大局宵小畏威除李蓮英外亦不至窃弄威權及戊戌三月恭邸薨逝然後翁同和以帝師當國與皇上同心同德力圖變法維新榮祿雖有大學士之虛位未得入軍機軍機政府也於是覬覦政柄以翁與皇上變法己守舊且不保也榮祿本由西安將軍鑽營大監李蓮英而內召者乃日與剛毅李蓮英短皇上攻翁于后前又令小臣張仲斯劾翁又令李咸鋒聯御史多名請訓政及四月二十三日變法之詔下太后怒上之收權變法而慮翁同和之爲上心腹榮祿乃畫策請託閱兵于天津以廢上請先與己兵柄總統聶士成董福祥袁世凱釆慶諸軍以便行大事而先逐翁同和翦帝羽翼太后從之即提昭信股票千萬與榮祿辦此翁同和諫阻提昭信股票千萬築行宮逐翁同和回藉而令榮祿督直隸總統北洋諸軍令三品以上大臣遞摺並召見于西太后皆四月二十七日事天津築行宮皆有實事閱兵並有明詔此事爲訓政幽廢之先聲諭稿出自榮祿門客所爲此爲榮祿首畫訓政幽廢之第一策試問逐皇上腹心之臣與總兵柄之詔同日下觀之八月調兵廢上之事速于瞬息若榮祿不與密謀安得託股肱而服兵柄此事至淺不待皐陶之察而易審者榮祿首謀廢立而請訓政爲罪魁之罪魁也

榮祿自戊戌四月二十七日統北洋護軍至九月改爲武衛軍分爲五軍自募萬餘人于京師以南苑爲營是

稱中軍。選一國之名將勁兵。及各國之精械良器以實之。又選二萬餘人爲二軍。鎮江淮。爲武衛前鋒。而皆隸于榮祿。以京軍而忽分駐江淮。此皆中國數百年之所無。蓋欺西太后以防劉坤一而陰圖大局也。至立嗣後。加爲總統各省行營事務。則爲天下兵馬大元帥矣。此握一國兵權之據。清國二百年來。如鰲拜和坤穆新河肅順諸權臣。勢焰熏天。亦但握政權。而未嘗兼握兵權。又怡賢親王、恭忠親王、醇賢親王、以懿親輔政。位至重。未嘗兼握政權兵權。又若傅恆福康安父子。以孝賢皇后之弟姪。親統兵戎。累建大功。及其還朝輔政。亦握兵柄。從未聞以宰相兼統天下之兵馬。爲榮祿者。即立憲如日本德意志。其總理大臣。猶不能兼此權也。此政權兵權。全在榮祿。爲列朝所無之據。

凡此絕殊之政權兵權。假以二百年來未有之寵權。非有帷幄密謀。心腹寄託。曾建大功。以安西太后者。后斷不輕予。況庚子正月立嗣之後。再除爲內大臣。更出入宮禁。以贊帷幄。此爲西太后腹心之據。

榮祿既內通李蓮英而得懽心。竊取兵權。尙以慶親王爲西太后所最親信。恭邸既出。親王當有一人代爲首輔者。滿員皆愚。惟慶親王稍聰明更事。然慮慶在政府。已不得專肆。乃以總署大臣張蔭桓借德華銀行還日本一萬萬之案。誣慶親王與張蔭桓中飽百餘萬。及既使太監誣告于后。后怒。即遣步軍圍慶張府第。榮祿乃在后前叩頭力保慶王之無他。后怒解。即釋此事。而慶邸仍以此少失后懽。不得入軍機。榮祿乃援其親家禮親王爲首輔。而彼得內外表裏爲奸。此五月初事。禮邸在恭王時。已引狂疾歸。至是爲榮祿牽出作傀儡。榮之此謀。不過欲慶不相耳。既欺西太后。復市慶王以德。其詭謀如此。自是內宮則有李蓮英爲腹心。樞垣則有禮親王剛毅爲耳目榮祿乃安心出天津收拾兵將以恩結董福祥爲閱兵廢立之計當到天津時有密摺獨遞與太后而不遞與上上乃嚴旨申飭此爲清朝臣下之所無其早懷廢弑之心於此先驗矣乃五六七月間上變法益銳翁同和雖知上得康有爲而聽用之榮祿既奉嚴旨心不自安又薦三十餘人如鹿傳霖之類上無一召見更無一拔用者時小臣所奏薦者上猶見而擢用之榮祿益憾七月時又奉嚴旨申飭以不行新政益不自安十七日懷塔布等革職舊黨紛謀於榮祿於是不復候九月閱兵之遲遲特召其私人楊崇伊至天津囑奏請訓政楊崇伊歸自天津於七月二十九日遞請訓政密摺榮祿於初一日即調董福祥蘇州兵入京師初二日調聶士成盧臺兵守天津而僞電奏總署以調英師船九艘到津且調兵入衛當時京師甚震此事初四日董聶兩軍到京津於初五日決策以初六日廢上下詔訓政捕拿新黨停鐵路以捕康有爲而榮祿於初六日早獨乘鐵路入京師以決大策定大事此皆分見於諭旨總署檔案京外報紙事實最確者也若使榮祿不預廢弑訓政之密謀則出督天津時何爲不遞密摺於皇上七月杪楊崇伊及舊黨何爲僕僕於天津督轅附耳夜謀七月並無英俄之兵何爲紛紛僞電告急於總署董聶各守薊盧鎭地何爲無端來津更入京師若榮祿守正不肯廢上誰能調兵八月六日篡廢大變鐵路且停何獨榮祿以特牽入京此又證據至確雖有蘇張之舌不能解者榮祿主謀調兵成幽廢而贊訓政爲罪魁之罪魁也

當五六七月大變法之時榮祿又使其黨日夜布謠言稱皇上重病不起查天津國聞報戊戌六七月間可見又布謠言『張蔭桓康有爲進丸』然是時上勵精變法日日召見臣下章奏如山從容覽閱安得有病及八

雜錄

月初六日。下幽廢徵醫之僞詔。稱自四月以來。朕躬不適。而捕殺康有爲之僞詔亦進。『康有爲進丸毒弑皇上。令就地正法。』此僞旨由上海道蔡鈞交上海各國領事。見適英領事援救康有爲。否則康旣以進丸毒弑皇上被誅。皇上即以被毒丸見弑。則僞嗣之立。不待己亥之臘。而保慶元年。即在戊戌八月改元矣。天命有在。逆謀不遂。不得已。遂託重疾徵醫天下。幽皇上于瀛台。造謠布謀。皆榮祿主之。是謀弑誣疾。罪魁之罪魁也。榮祿自戊戌八月六日入京師後。即入軍機。位爲大學士。故班在剛毅上。但次禮親王班第二。而禮親王乃其親家。榮祿所援引。且才庸甚者。故軍機中惟榮祿握全權。惟所專恣。剛毅班第三。性愚戇。徒供榮祿指使。王文韶班第四。廖壽恒班第五。皆以漢人位下。噤不敢聲。其後廖出軍機。啓秀趙舒翹入軍機。班在第五六。亦不過承榮祿意指耳。

來函

寓江西陳君致浙江同鄉會書

(前畧)近聞諸君在日。各以省籍聯會。斐然纂述。提倡本省風氣，注意地方自治，以爲爭存保種之計。甚敬服。甚敬服。廻變兩載。無好消息，赤狐黑烏，日見怪象。外力漲矣。風雲急矣，諸君見吾國政府積敗腐爛，已達極點猶復慣用媚外長技，百般醜態，倚賴性成。但圖苟延殘喘，顧惜身家，他非所計。外人日夕陰用要挾手段。壓制政府。虐我國民。顓愚無知。曹不曉事。無故則帖耳就服，山居谷飲，席棘茹荼。顛頷槁餓以死，有事則輟耕一嘯。如蜩毛起，烏合之衆，漫無紀律，尙遠不逮列國燒炭麵色諸鄰之所爲。一二稍明白現勢。熱心憂國之士。奮張空拳。勉力運動，又復困於惡濁官吏囹牢禁制之令，長慮卻顧，蹢躅不前，奄奄虞淵，日景將隱，天墜地黷。盲魚黑壑。眼簾翳塞。耳鼓齊瘖。十八行省水陸之盛，人民之衆，求一片立足乾淨之土。而不可得，東望扶桑。朝旭初上，諸君借助他山新敵學界。龍文突飛，一日千里，駑駘不及，徒生艷羨。顧甚願諸君澡雪精神，刷奮麟角。滄飲歐化，研究東學。仍時時以保存國粹爲念，諸君近日推廣報告，刊行雜誌，尤屬意調查事業，漸欲伸張勢力於內地，保存國粹，非異人任。此事在諸君爲獨一無二之天職，在吾鄉爲絕無僅有之希望，倘能萬族一心，萬衆一志，各就地方物土人情。切實改革。認行自治政策，則界綫愈近，開化愈易，人人腦中。皆知有破國亡家，爲妾爲奴之患。皆生國民思想。皆負國民責任。則上縱頑固，而下已明通。一朝丕變，自立有基，諸君之用心，可謂美矣備矣。然鄙見有鰓鰓過慮者。側聞諸君聯訂此會。省界甚嚴，此省不能參豫他省。浙江留學生最多。而氣最盛。廣西雲南江西人。甚寥寥。惴惴顧影，惟孤立是懼。夫同是支那之人。同具亡國之憂。此疆彼界，意何爲者，況在日留學諸君各省。統計。僅此千數百人。團之猶恐不固。乃自分之。亦非共圖保國新民自立之本意，果如所聞。是地圖瓜分着色之筆。不操之於六七野心帝國。而操之於留學界諸君矣。凡事作始也簡。將畢也巨。諸君其不可不念及也，若然。則自治之說非耶。曰咄、是何言。自治如築牆之立基，意誠美備，惟聯會海外，扶植母國。同舟共濟，拏定方鍼，自表面上視之，雖有此省彼省之別，自精神上測之，同是一國之人。同服從於憂國二字。天然法律之下，遇事互相磋磨，通力合作，當此二十周初，少年世界開幕之日。留學生一舉一動，關繫種之存亡。國之興滅，烏可嚴限界綫，自相觚折，以召侮亡，不寧惟是。方今各國，眈眈虎視。視支那如俎上肉，疇不張牙舞爪。抽刀思割。其所以中止者。慮爭鬭之多寡，隙從自開，故徘徊觀變。不肯首難。設各省各會，自存畛域，日久意見稍歧。加之我政府吹毛求疵。壓力日迫。激之。不能稍待，他族見此。從而用之。倘此願向英，彼願託日，初不過借力抵禦。終則齎糧於盜。爲他人瓜分之助。則俎肉先已分割成塊。不啻獻食於羣虎之前。不亦可悲可嘆之甚哉。吾敢信諸君中眞以憂國自任者。必不忍作此想。抑鄙諺有之，人心不同如其面。詎可不維持於機先也，謂宜破除省界。集留學日本同志千餘人。聯一致求自治政策、總會。總會之外。再設分會。由總會核定章程。各任本省應有義務，而獻其成於總會，聲聲相應。息息相通。如衆峯拱抱泰岱，如江漢朝宗於海。人人心憂國之心。人人事憂國之事。腦電所達，目炬所照。但有國界。不有省界，如此則留學人少之省分。不至心畏孤虛。而見存水火。即有一一齟齬之聲。不難以多數之人。鉗制少數之口。如前所患。庶有瘳矣。至章程內有調查各名目。在專制國法律綫界外。言之決無妨礙。若行之專制法律綫界內。則名目稍異。最動人疑。且頑固當道。利祿薰心。殘賊新機。是其慣技。不可不先事防之。竊以爲似宜襲耳目中最習慣最鄙俚。如訪事人之類名字。使人見之不甚介意。行之內地。庶泯形跡。要知行事惟期有成。標目之雅俗。可勿計也。某足未出里閭一步。罔識外情。第以蠡測海。既有所見。雖明知無補高深於毫芒。然骨鯁著喉。不吐不安。以吾國人慮吾國事。尙非戶祝越尊之比。諸君儻以鄙言爲然耶。則盍嘗試之。諸君不以鄙言爲然耶。則請賜駁義。蓬萊天上。夢魂俱馳。惟祝諸君羣策羣力。勉爲國民前途鄉導不餒。

是函已具答於本期論說中不再贅覆　本會附誌

來函

數行鄉淚一封書

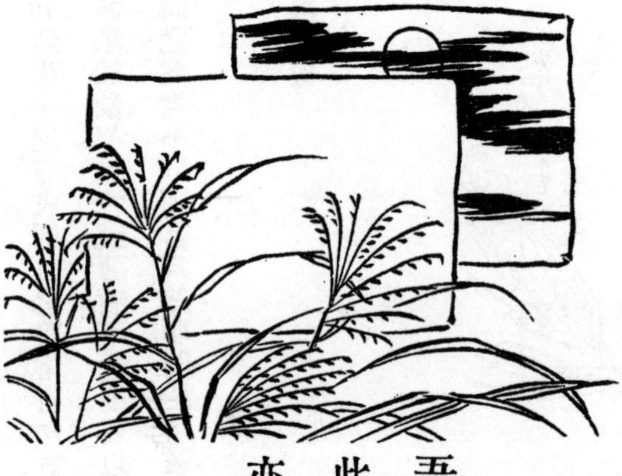

吾謂此畫亦然

留學界記事

記留學日本弘文學院全班生與院長交涉事

辛丑冬。北京警務諸君來日。日本嘉納治五郎設弘文學院以教授之。至去年春夏之交。來者日衆。嘉納氏力能及者。皆招徠之。其間有志願速成師範者。有志願各種專門學者。于是仿日本中學校章程。設一普通科。卒業後則保送各種專門學校。又創速成師範講習會。六月卒業。演講教育教授之大意。並參觀學校以資考察。自此以後。加納氏以代興教育爲己任。一語掛諸齒頰。絮絮不休。夫加納氏果熱心以從事也。猶且爲我國之恥。況未必乎。謂予不信。試讀支那教育問題一過。嘉納氏巧猾牢籠之術。若燭照而數計矣。至其普通科之因循遷延。尤非親覩者所不信也。內地消息隔閡。咸以弘文爲嚴正。吾今有一事爲諸君告。聞之當一笑而一歎。有某君者。與北京警務諸君同級也。逍遙曠課。弘文絕不之懲。蓋因其父在肅親王之邸中。故待之極巴結。自去冬起。擬月取其學費三十五金。夫弘文學費月二十五金者。著之于章程。人人所共見也。今乃出此。不義孰甚。某君不允。弘文不得已。遂索之于總監督。總監督又不允。弘文曰『此君吾特別待之者也。』總監督曰『貴院有特別學生。非吾所敢知也。』弘文語塞。泱泱而去。觀于此。弘文之宗旨。尙堪問耶。此次退學度必有種種遠因。非僅爲一時之公憤也。

弘文普通科之不完全也。人人知之。聞學生常與之商改課程。嘉納氏皆頷之。而從未有改革之一日也。陰歷二月廿七日。舍監大久保氏、敎務幹事三矢氏、會計關氏忽集學生之部長。出新定規則十二條以示之。部長諸君、初以爲改良之課程也。及見之。則十二條之中。無一關于學課。不過爲賺錢計耳。部長答以事關全體。尙待酌商。會計曰、毋傷。是乃學院所定之規則。越三日即須實行。他人無商酌權也。部長辨之再四。僅得攜出以示同學。學生諸君。咸以爲不便。乃修改三條。其他瑣碎之事。不屑與之爭也。修改既畢。復由部長致言會計。會計陽諉之曰將請命于院長。而陰無給覆之意。部長以迫于施行之期。因與訂次日索覆之約。其修改之三條。著于左方。而弘文之原稿。亦節錄焉。

一除告退外無論臨時告假歸國及夏假中歸國者每月須納金六圓半

一洗濯一月三次每次一套自備之物宜由學生自理

一患病者兩週之內醫藥金皆由學院支出逾則學生自理

右弘文所定者

一臨時告假歸國者如議夏假中歸國者不納

一洗濯一月四次被單等亦宜洗（被單亦宜洗者因弘文學費雖同成城而被褥等皆由學生自備也）

一診醫以十四次爲度藥費亦如之逾則學生自理

右學生所改者

次晚十時。學院竟無覆。學生諸君、囑部長往問其原由。並告以明日停課之說。以示力爭。

次晨（即廿九日）會計至。僅允脩改三條之一。部長復宣告同學。學生諸君。恐反以多望而無一成。又删去一條。僅剩其一。議請必改會計。仍以請于校長之說相諉。至午後二時。復集部長等十餘人。告以堅不可改之意。時教務幹事三矢氏亦在座。因演說弘文與他校之異點。且云校長已有定見。諸君力爭如是。誠不可解。無已、其退校如之何。我決不强留也。語畢。十餘人將拂衣而去。三矢氏止之曰「其少安」暫立片刻。三矢氏仍無他語。遂從容散會。旣學生諸君開特別會。羣大憤。齊聲退學。一面推人赴總監督及各監督處。陳以實情。一面商告退之法。總監督及各監督。亦以爲事出于無可奈何。故不勸沮。此二十九日之事也。

次晨。學生諸君收拾行李。並公繕告退書于嘉納。其書之冒頭。無非恭維數句。下陳以學科不同。羣居寡益。故不得已而作告退之辭。末段則云敝國教育。方在萌芽。負笈來者將不絕于道。還望逾格關垂云云。一面又通知總監督。請其面告嘉納。于是弘文學院院內生五十二人同時出院。是晚、嘉納氏復激集每部代表之一二人。語曰、諸君皆官費學生。非有政府之命令。不得擅自退校。諸君其知之否。因告之曰。不然。政府于留學界上之交涉。以總監督爲之代表。我等退校之說。已陳之于總監督總監督已陳之于貴院長。何不得退校之有。嘉納氏不能對。雜以閑談。臨別時復語曰。諸君其熟圖之。毋貽後悔。學生諸君唯唯而退。此三月朔之事也。

次日嘉納致書各監督。並派人至總監督處。謂將改良課程以示挽回之意。總監督及各監督持此以示學生。

次日、(即初三日)學生諸君會議于同窗例會。研究其堅持退院之利害。咸恐速成師範之路從此而塞。而投考高等師範亦難及第。彼既有意改良。正可約法三章。全體回院。並開通學之例。以惠自費之寒畯者。衆贊成。于是議約七條。擬交總監督。條議如左。

一撤去荒謬之教務幹事及會計

二學生平日得與校長直接議事

三特開通學之例以便自費學生（通學即走讀日本學校之大半皆有此例）

四各科課程皆須更訂以圖改良

五保送本校卒業學生入各專門學校不得有官費私費通學不通學之歧視

六實行學生請改之二條規則

七實行原訂學校代備教科用書之規則

將就緒。總監督及各監督咸至。即請總監督演說。總監督起而問學生諸君之宗旨。並謂將何以善後。總代答者對以嘉納苟實有轉圜之意。則請與之交涉。否則堅執不允。總監督又述昨日嘉納派人之意。學生諸君遂出七條以示之。總監督以爲甚當。

越一日總監督轉告嘉納。嘉納皆慨允之。惟第一條之會計。及第七條。汪氏未曾道及。

次日、有湖南初到之師範科學生若干人進弘文。以彼等昔與弘文無交涉。且此事亦瀕就緒也。不意嘉納氏竟以爲是即可恃而無恐者。而第二次之爽約起矣。

初八日、總監督致信學生。謂定明日回院。學生諸君以有私費學生。擬囑嘉納氏即開通學之例。于是再請汪監督與嘉納締通學之約。並酌定學費等事。詎嘉納氏忽生變卦。謂通學之說。祇可竢諸異日。總監督與之婉商多時。仍無結果。不得已以通學拒絕之說。宣告學生。並令決明日入院之可否。

初九日學生諸君復會議。謂前約七事已簡爲六事。今則尚未入院。遽却通學六事不諾。是其一端。衆曰仍守前議。議後仍舉代表。致意于總監督。語未畢有唐寶鍔其人者至。據云嘉納氏于通學一事。已經承諾。其條件如左。

一弘文學院于住院生外添設通學生

一通學生祗限于自費生

一通學生之權利義務如住院生一律

一通學生之入學按其志願學力分編各科各班但志願一科者滿二十人以上者得另添一班

一通學生暫不設額學院教室可容即得編入

一通學生按月納在學費四圓其餘房飯書籍衣服等費概歸學生自理

一通學生須同住一寄宿舍由院長派人同住監督品行照料學事至監督費由學院支給

一通學生須着學院制服

一通學生寄宿舍應用器具學院得量力借與應需各欵學院亦得代墊

雜錄

以上關于通學生者

一回院式先由學生向院長謝措置冒昧之失從此勉學如前

一院長向學生述職員辦理之過並將撤去教務幹事之事當衆宣告

一除前承諾各件外一切善後規則與總監督熟商務于學生均有便益

以上關于退院學生者

通學之事。至是始有頭緒。學生諸君。遂定次日至會館。商回院事宜。次日到者甚少。中有提出條件之未臻完善有礙實行者且云謝失一事並無失之可。謝無端受辱實于國際名譽有關遂擬成三條。到者皆贊成。三條錄于左。

一速成師範之通學生按月納在學費四圓其餘房飯書籍衣服等費概歸學生自理惟並通科年限較長且無譯人準納半額

一通學生滿十人以上者同住一寄宿舍惟如有陸續踵至之少數學生不便特住一寄宿舍者准其暫寓旅館至監督之有否一惟學院自便

一回院式先校長演說次學生答辭

議既。即交總監督。並請其轉告嘉納。聞汪氏不允。意其爲嘉納之神妙手段所籠絡乎。

次日、學生全体復會議于會館。有謂昨定三條未經公認。當廢之者。紛紛辨議。迄無決者。乃定次日集會館各幹事及各省同鄉會之職員以評議之。

次日九時、會館幹事及各省同鄉會之職員齊至。乃開議。皆勸全体學生回院。並云總監督已問過嘉納不必定須謝失其餘二條則俟回院後仍可由總監督與之商改。于是定次日入院之議。

十九日十時、全体學生回院。其回院式。先由總監督對嘉納致抱歉之詞。次嘉納氏仍囑學生演說。學生默然。總監督又囑之。學生又默然。持至一分之久。嘉納氏遂起而述職員所以不善之過。蓋皆未嘗一遊中國也。嘻。嘉納此言。其或笑三矢氏之輕于發言。而其牢籠我國人之手段。不及彼之萬一歟。後學生代表某君陳答辭。至其課程之改良與否。記者未曾得悉。姑俟異日。

吾記此事。竟不覺萬感集于胸中。回念祖國。欷歔久之。聊附數語于篇末。吾同

雜錄

胞之有教育職任有教育義務者其樂聞乎此事之是非吾不論吾獨怪吾國開學堂之議論充塞于朝野而所謂官立之大中小學堂者或將就諸或未舉辦其舉辦者則又課程腐敗職員頑梗形式未完遑論精神官立未興遑論私立吾又怪吾國之無腦筋無血氣者覩外人之代興教育而沾沾自喜而不知彼外人之處心積慮蓋欲奪教育之權而起吾人之崇拜心也諸君諸君其將奮袂而起鼓其造國民之精神發激其熱誠普及其常識以樹定普通教育之基礎乎抑將袖手旁觀任外人之代興教育受其欺軋敢怒而不敢言乎前事雖往來者方多我國之有教育職任有教育義務者其速抖擻精神普行教育先完全其常識後負笈而來東勿夢想扶桑三島乃吾國所創之學林爲培植人才之福地也

日本留學女學生共愛會章程

第一節　宗旨

本會以拯救二萬萬之女子復其固有之特權使之各具國家之思想以得自盡女國民之天職爲宗旨

第二節 辦法

(甲) 先組織在東留學女子之團体互相研究女學問題以漸達其權力於祖國各行省

(乙) 本會會員公認本會爲其託命之所凡本會之成立及其發達各會員當以女學上之運動爲其唯一之責

(丙) 本會公選會員四員每月各作論說一二篇交事務長代爲登報以流達於祖國

第三節 職掌

(甲) 公選事務長一員凡會中一切事務皆屬之

(乙) 公選書記一員掌通信記事之事

(丙) 公選評議員二員佐事務長以評議本會種種之辦法改良及其發達

雜錄

第四節 規則

(甲)職掌會員由投票公選每三月改選或連選及他選皆以投票決之

(乙)每月開會二次以月之第一日曜日及第三日曜日爲率下午一時起至三時止遇有要事可開臨時會日期由事務長擇定

(丙)凡遇舉人決事會員到者須有三分之二方可議決

(丁)會員中如有特議之事得三人之賛成可開臨時會

(戊)開會時會員均須一律到會如有要事須先函知書記開會時由書記報告同人

(己)開會時首演説次議會中之事

(庚)演説以循環法每次三人用拾票撿定甲乙

(辛)會員每月須納會費一角於開會時納之事務長

(壬)演説議事時不得談笑阻人聽聞

(癸)職員既承公選之後不得放棄其責任

陽歷四月。留學日本女學生。組織共愛會。到者幾二十人。吾國女學方霾沈數十層地獄之下。今乃自地心上達。其光炎炎。其勢焰焰。要之其有影響于祖國也必矣。敢豫爲吾國女學前途賀。

血雨腥風捲地來拔刀
砍得
鎮城開浩然
正氣凌霄閣還與星
球一回

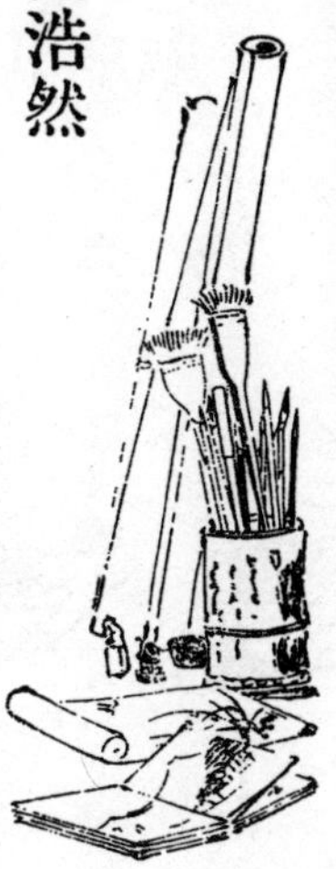

雜錄

巾幗之中之丈夫愧煞丈夫之中之巾幗各爲之戲曰生男不若生女能門楣

偵探小說

專制虎（續第一期）

喋血生

翌日急赴宮。謁維拉伏克。曰閣下願以毒種一網打盡乎。抑將以粉飾了事也。維拉伏克曰奈何。偵探曰事在外國不在宮闕之內治之須給予三月之假。緩圖之。維拉伏克曰何處獲之。偵探曰柏林未可知也。瑞士未可知也。巴黎倫敦未可知也。維拉伏克怒曰。啐!!! 誑予是處之爲虛無黨居留地奚待君爲偵探而知之。不聞昔曾以黨禍故。電逼瑞士留學生歸。而遂使先帝轟裂於輦中。君不圖燃眉之急。而乃開門揖盜。子休矣。侍衞長忿忿。而大偵探米加野徒呼事急!!! 事急。不告而辭去。復覓大偵探。恰連影子都不見了。求之國門。遍搜不得。是日宮中市中。喧傳大偵探米加野彼虛無黨人謀斃。紛論幾五旬。而於瑞士忽起一大波折。

瑞士之都善柰維之塲。右枕明湖。左蟠螺岫。昔盧騷諸君子曾安硯是鄉。以參自由平等之三昧。而凡列國亡命。亦因無法律之桎梏。巡警之鷙悍。惠然肯來。而當時俄羅斯旅人凡五千餘。噫。不言而喻爲虛無黨也。

日者苦雨凄風。湖水荒哮。足音岑寂。午夜。沈沈漏且三下。善柰維之前區。有一座清麗別院。乃俄國留學生之俱樂部也。時則門已扃。電燈暗然。旁製小扉。恍兮惚兮。有人出入。噫。此何爲。原來革命大運動之秘密集會也。

是日會長爲一俄女士。而宣敎師裝者。慷慨演說。畧曰。同志諸君。各人以一點熱血。足以溺死皇帝。大事既決。吾赴聖彼得堡。後雖俄皇宮中有兵士巡察。圍如鉄桶。必達我目的而後已。演畢。復朗誦革命運動報告書。鷄既鳴。風蕭雨晦。聲復寂然。晨起俄女士將整裝。及取革命運動冊子。則已不翼飛去。噫。咄咄怪事。士女連呼敗露!!!敗露。而聖彼得堡之行遂阻。

雖然。此時恰忘郤愛聖夫人在瑞士旅行。已經過數旬了。集會翌三日。夫人于瑞士之游亦倦。乃就道晉柏林。與名士夫往來。休息僅一晝夜。欲探聖彼得堡之勝。乃先至俄國銀行易些金幣。越境時依法請稅關檢查驗旅行許可劵。夫人性情淡泊。行裝簡來。惟多携書冊以破寂寥。且前表明夫人長數國語言文字。故來往自由。登車後。同客有一毛革商名科確魯克。託言由德國歸。然此人雖乘上等客車。卻形容不類。既抵京。臨行復支吾携愛聖夫人之手鞄囊去。追奪之。毛革商反含糊說道。奚用留此疣贅。反說得愛聖夫人當頭一捧。獃若木鷄。

愛聖夫人既着聖彼得堡。泊一華美旅舍。噫。安榻僅四日。而不測之禍至矣。是夜適虛無黨開秘密會于書林亞歷塞夫家。蒞會者六十人。甫及開會。忽聞一聲警砲。而俄羅斯一羣虎狠兵士已圍亞歷塞夫家之四顧如墻堵。而會員如夢中驚霹靂。不知云何。血戰久之。脫者半。獲者半。而失蹤已久之大偵探米加野忽露頭角。親執一女會員。笑對曰。貴君乃愛聖夫人。倫敦旅居俄伯爵阿蘭克家中之全權大臣乎。女士睜目頓足曰。吁。命也。而同日倫敦阿蘭克伯爵父女被拿之警電亦至。

原來愛聖夫人俄產也。以畫皮手段。貫以幻形術冒為英種。以避人耳目。良人為俄貴族。以國事犯爲西伯利亞流配。阿蘭克伯爵亦罹罪而逋者。爲虛無黨資本員。與夫人皆以鉅額之金價貲縮俄皇之御壽。

然探破此絕大機關者。乃皇帝賴以爲萬里長城之大偵探米加野也。以繼拉其尾繪圖故。乃偵得其情婦與倍蘭德夫人之密事。復偵出阿蘭克與愛聖夫人之亡命于倫敦。爲虛無黨神經線。雖然大偵探果何處得端緒者。蓋由情婦與倍蘭德寒暄時。有問及倫敦有無音耗一語得之耳。

大偵探之遽然不見者。非斃于虛無黨也。乃飄然往倫敦也。噫。愛聖夫人以畫皮之手段。忽爲英。忽爲俄。而大偵探亦以畫皮手段待之。吁。善奈維開會宣教師裝之女士。愛聖夫人也。亞歷塞夫家被獲之女士。愛聖夫人之變相也。夫人之奇癖。不欲人見其梳洗者。恐現盧山眞面也。不料從開新年會前二禮拜進來之新僕。大偵探之化身也。新年會散。由凹形耳房遁出之人影。大偵探之化身也。以乳酥壺事。乃大偵探御環結草報恩之念熾而速欲求去也。且愛聖夫人旅行時。由毒維同車之着重裘戴虎皮獵帽。鬼鬼祟祟之男子。大偵探也。善奈維俱樂部窃去革命册子之人。大偵探也。由柏林同車誤携愛聖夫人手鞄囊之毛革商。大偵探也。由鉤黨之事而得審據。于是搜出冬宮柱下爆藥五處。同事者宮內省吏七十人。侍衛兵士五十人。召使警察陸海軍數百人。或則駢首。或則竄逐。而愛聖夫人則流配於西伯利亞。後數年。乃有俄宮人鬼事。

攝魂花

喋血生

前年俄國新聞社。喧傳陸軍將校。叔姪二人。兩閱寒暑。同病畢命。不料乃誤於一剪攝魂花耳。諸君請者且住。爲佳。聽我演來。得少佳趣。

俄國一豪族。曰伊科納杜。爲莫斯科步兵大佐。一夕宴會歸。覺不適。急請聯隊附軍醫診之。經十分鐘。而大佐忽劇嘔吐。色蒼而身冷汗涔涔下。軍醫急甚。遍察之莫得端緒。而大佐愈苦悶。腹中如燃烈火。口噤不能言。軍醫問之。大佐含糊說魚羹!!!魚羹。言畢而彌留矣。

哦。原來魚羹。爲俄國夏日及時之品。其製法先以魚類。煮成濃汁。後加克利母。（油類）橄欖油二種。再加冰則凝結矣。味厚而質滯。不利於胃弱者。且民間製魚羹。克

小說

利母每以下等油代之。至魚質多不新鮮。每年以此致命者數千。大佐旣逝。人多以此毒疑之。已而政府解剖大佐死體之令下。檢查之。因(焮衝毒性)之故。胃與大小腸均裂。於是鑑定畢命之由。決屬魚羹不疑。以禮葬之而已。

於是將其遺產歸姓名勃蘭芝傳者。時乃爲莫斯科砲兵大尉。性豪邁不羈、時與其細君反目。故生則異室焉。其家本殷富。僅二年間。大尉已消金三十萬。得乃叔之遺產、復事揮霍。故名大不稱于軍人社會。大佐死後。將一載。而莫斯科府紛紛呼一大不思議之事起。其事爲何。蓋大佐之姓。勃蘭芝傳大尉。與乃叔同病而畢命。

大尉素行固劣。博奕飲酒。煙花狼籍。負債如山。每易軍服。晝夜冶游。一夜于莫斯科市。警察忽見一醉漢倒臥。搜其懷。見有勃蘭芝傳大尉名刺、此時已嘔吐滿地、氣如游絲。急呼鎭臺派人視之。而氣已絕。乃依法律解剖死體。則同一(焮衝毒性)斃也。臟腑悉壞。而胃中尙存有魚羹餘質。惟思大尉體格素强健、雖受此毒、不致遽死。頗疑之。適是日有一兵卒于市中見大尉微服獨行。叩之。云往奥培刺街。時已下午六時、奥培刺街頗繁華。有一絕大戲園。間有一華麗酒林。人知大尉素往者。詢之。是夜大尉果挾歌姬三人。往。間云須往觀劇。而大尉醉倒街中則時已十一下。致死之由。究莫可議擬。畢竟以禮葬之終其局。

塋葬既一週。時忽一莫斯科醫科大學生。投書于卡塞篤新聞社。痛論大佐大尉叔姪畢命。決非魚羮而在被人以毒藥致死。堅請將勃蘭芝傳胃中包藏物。囑醫科博士分析。初則衆論皆誹笑之。後乃輿論一轉大贊成。請于政府許之。厥發大尉之棺。囑俄國第一名家化學博士驗之。原來非魚羮。乃一種海婁濮兒毒劑所致也。於是大生疑竇。復發大佐之遺骸驗之。竟同被此毒死也。

海婁濮兒。俗名基督誕降節薔薇。乃一種植物。其葉根含毒汁如水。無異臭味。毒人時食之不暴發。覺須食他物遇有油質者。毒始發。過二時乃嘔吐。精神昏迷。腹痛痙攣。極遲過六時終死矣。若解剖屍体則粗視之如焮衝。毒性尋常醫士多不及察也。

致死之結果既得。于是諸新聞特登大佐大尉伯叔羅横事。

此事非等尋常犯罪。政府乃命警署多方緝訪。忽忽數月。毫無影響。蓋莫斯科之都。西歐東亞。賓客如雲。雖機械變詐。落人陷穽事。年以千萬計。而終不如彼叔姪之奇特。於是惹起歸田之老偵探米加野復見獵而心喜。

老偵探米加野不僅俄國聞名而世界拜倒者也。彼既聞被毒事。乃謁莫斯科鎮臺司令長官。擔任斯事。米加野之訪出是事也。初乃詢大尉有無知己。羣答曰無之。惟有一名亞歷山德者。俄之富紳也。素與其叔大佐交甚篤。故大尉亦時往來之。偵探曰然則大尉之遺物在乎。曰在其故宅。大佐之遺物在乎。曰惟大尉收之。於是大偵探遂訪其故居。細檢伊科納杜之書翰。復閱大尉之書翰。米加野忽拍掌色喜曰。得之矣。得之矣。遂匆匆去。

急謁亞歷山德。曰大尉死變之日。曾訪君乎。亞曰君何知。答曰君是日明有郵信與之約也。亞曰然。偵探曰大尉屢向君貸金乎。亞曰然。是日之來。仍爲貸金也。偵探曰貸幾何。亞曰二萬羅布。我以一萬羅布允之。約翌日取金。不料大尉當夜逝矣。偵探曰。君何以一萬允之。亞曰蓋大尉曾以一萬羅布保生命險。故雖大尉有不測。余得以此金索還也。偵探曰以後如何。亞曰彼曾云將往奧培刺觀劇。時適下午四下鐘。別後事則予不知也。偵探曰君與乃叔大佐知交乎。亞曰誠然。偵探曰曾與君有金帛交接乎。亞曰有之。然報往復來頗清楚耳。偵探曰是矣。乃一揖而退。

不料大偵探一番平淡無奇之問答。忽搜出石破天驚之怪事。述及片時。我恰倦了。

且腹中轆轆作聲。諸君稍待。我畧休息。再登壇與諸君述其機關。

請者請者。聽說聖彼得堡京都有位佳麗。風致纖娟。一顧傾城。表字裘麗雅。佛蘭西產也。依所天來俄國營印刷業。旅亭穩築。已數春秋。而家殷實。前年良人逝世。裘麗雅芳春。恰過楝花風信。而性頗嚴謹。果潔身自好之未亡人也。弔影憐形。苦膝下無解憂人。故遁入樂天主義。春秋佳日。好作勝游。而且不喜役人僕。僅僱一美洲黑奴。頗愚直而侍主人亦兢兢焉。

時乃正月元旦。裘麗雅別院。開一舞蹈會。頗稱大觀。蒞會者多名公卿。當日之繁華。我恰曉得說不得。然賓客中有一波蘭的伯爵。自稱新到聖彼得堡者。面黑而髯鬖年既六十矣。興致恰勃然好狂飲不醉無歸。而赴會之日。奇癖又發。酒闌人靜。黑奴忽聞鼻息聲。燭之則伯爵醉臥于屋隅也。搖之不醒。主婦視以爲長者。乃命黑奴負至精室。頗具掃榻之雅意。遺時伯爵之鼾音齁齁愈酣。時則有人攜薔薇紅罩執燈入伯爵室爲之畧整衾褥而伯爵之銀靴則已墮于榻前復爲拾起之畧一開閱私擧一大指咋舌者屢爲之安置于桌上輕步而去噫彼何人斯其黑奴也耶

老伯爵邯鄲一夢甫及翌日下午四時聞主婦呼僕鈴始驚醒而黑奴已持洗盂候于戶外伯爵驚問曰此何地黑奴曰裘麗雅宅也曰今何時答曰下午四時黑奴忙將天鵞絨窗帷引開一片胭脂落日恰引的水晶屏分外光彩伯爵此時如夢初醒復問曰我何爲而睡于此答曰以貴君昨晚被酒故伯爵急曰貴主怒我唐突否答曰以貴君爲長者主婦頗敬之伯爵忽忽整理畢呼黑奴曰速導我至貴主處黑奴爲先容入裘麗雅室乃一精麗小軒窗幃卓披地氈一望皆白色案頭供一古銅瓶安白梅一剪暗香撲人室中羅列書冊裘麗雅披一襲白狐裘纖手則以西班牙製手袋護之時惟爐火殷紅與白銀世界點綴耳伯爵與裘麗雅施禮畢即謝以傖父之罪答曰以閣下乃長者故留之否亦不敢冒昧也伯爵聆是語愈不自安而惟愛裘麗雅之妄念益熾數數寒暄主婦問曰閣下果波蘭貴冑也何獨行踽踽爲答曰僕子然一身耳留玆阿堵物何用遍地揮霍之裘麗雅聞是語惺惺之感頗攖心不

覺秋波含淚曰。同病耳。且妾以蒲柳弱質。屢致人摧折。不如閣下也。伯爵此時妄念愈熾。然時已晚餐。伯爵眞無可奈何歸去也

間一日復訪裘麗雅。頗示以願寄食門下之意。主婦以其老而篤也。乃許之曰。妾雖不得廣厦千萬間。爲閣下一枝棲息不難耳。伯爵聞斯語。儼如膺九錫。色若飛。急歸逆旅。還行裝于裘麗雅第。伯爵果富有朱提。屢以貨動裘麗雅。凡旅行金數萬。均請代藏之。而裘恰狷介自潔。伯爵之室。暮則不入。伯爵之游。請不與俱。而平時則以長者呼之。伯爵寄居且兩星期。安樂窩幾忘卻異鄉人矣。當時黑奴事之亦頗謹。而伯爵則醉翁之意。終不在酒也。屢以奇想動之。而裘愈莊嚴。當時且抛其樂天主義。凡樂游宴會賓朋請謁。一切謝絕。幾足不出戶庭焉。然而老伯爵情愈難堪矣。雖僅數週。恰在裘麗雅身上抛恰饋贐費數萬。故初則夜尙能酣睡。繼乃終宵反側。裘麗雅疑其衰老症也。故命黑奴事之愈周。且伯爵于夜間好飲麥茶。每於床頭安一磁壺。一夜伯爵已寢。黑奴乃持沸湯爲伯爵麥茶增足。持一小角燈頻頻照伯爵睡容。次夜亦如之。伯爵愈感主僕之殷勤矣。

小說

一日朝膳畢。伯爵頗不適。語裘麗雅欲爲之招醫。伯爵堅辭之。遣時裘爲之私招醫士至。乃服藥。午後則痊矣。伯爵堅促裘麗雅同行觀劇。謝絕之。伯爵乃携一香水瓶竟獨往。三時已歸。唏吁太息。對裘麗雅述零丁之境。裘以不經意故。脫口出勸語曰。閣下不聽見支那人有一句下流語乎。曰養兒防老積穀防飢。閣下何不暫用之。安知不卜枯楊之吉也。不料裘麗雅一句無心的話。竟遭只狠心狗肺的混蛋伯爵。動了大妄念。

伯爵雲裏霧裏。聽得正在出神。裘麗雅亦悟覺了。忽紅潮滿暈黎渦。顧左右而言他。忽電燈一烱。遍室雪亮。而自鳴鐘已報五下矣。黑奴搬出晚膳。嘉肴陳列。伯爵蹙額一顧。曰不用此厚味。裘麗雅見其悶悶。曰閣下略用晚膳。妾偕君往觀夜劇以解憂。伯爵不樂。乃反身入臥房。和衣睡下。心癢難搔。輾轉床褥。到了午夜鍾鳴。人聲寂寂。躍起曰。冒險也只好冒了。乃直奔內室。見裘麗雅臥室繡幃已下。雙扉深扃。原來西洋開鎖的機關。可以旋轉的。伯爵將門輕開。見一燈暗淡。金猊尚微吐百合香。裘麗雅曲玉臂而枕。海棠春睡。十分媚妖。伯爵忽狂呼。愛卿!!! 愛卿。而裘麗雅驀地驚覺。

見伯爵跋扈。且怒且駭曰。君乃長者。妾未亡人。瓜李有嫌。何得夤夜而至此。妾與君同爲旅人。俄國果眞無法律治罪耶。伯爵曰。哦!!!哦有法律治罪耶。果然請貴君細看我面目來。嘿!!!嘿。伯爵將臉上一捽。面目也不黑了。髯鬚也沒有了。不料就是世界聞名的俄國大偵探米加野也。裘麗雅知惡事敗露。急向枕畔取快鎗擊偵探。而米加野一聲警鈴。忽從裘麗雅床下鑽出警官二人。而庭前亦紛紛聞呵責黑奴。爾放鎗亦無用。!!!爾放鎗亦無用之警官聲矣。殆裘主僕入獄。而亞歷山德已先在禁焉。

原來裘麗雅就是以海婁濮兒毒殺大佐大尉姪將之攝魂花也。亞歷山德餓虎之伥。爾裘麗雅既被獲。恰毫無懼色。偏問米加野曰。君之偵探果神矣。而胡爲知我隱。而胡爲入我室。米加野含一支錫笳烟。約略語曰。吾以大佐大尉事。入室搜其遺物。則大佐死之前一日。有貴君請伊觀劇一郵片。而大尉死之前一日。則有亞歷山德貸金事一郵片。而訪亞時。又見彼壁上懸一麗人寫眞。故僕即疑貴君也。予於是籍舞蹈會。乃入貴君家。不見予假寐之時。持紅薔薇罩執燈。入我室而私窺予銀鞄之人果亞歷山德也予往貴君家數禮拜而請代藏予之旅行費十萬貴君向法國銀行屢欲滙至本國以數太鉅而阻乎貴君每夜命黑奴爲予增麥茶乃全是海婁濮兒汁乎予日乃携香水瓶獨出乃往驗毒汁也是晚貴君誑我偕往觀劇乃鈎我先食油質物而可倒斃于路也予至貴君宅後乃擯絕賓朋欲掩耳目故也不料貴君將毒我而予之羽翼已潛貴君床下三日矣言畢裘麗雅太息曰神哉神哉復語偵探曰是矣妾果以毒人而罹罪然妾以色餌而死者即以色受餌死者果無罪乎寃哉妾以大佐大尉伯叔事而將逸矣卒敗于閣下手雖然吾罪鉅矣旅聖彼得堡毒人若閣下果斃于妾手正百數矣亞歷山德分予之造孽錢幾盈五十萬雖然妾終非佛蘭西人妾終與君同『畫皮』手段者也言畢剝去僞面噫一俄羅斯奇醜婦人耳旣下獄裘麗雅自縊于牢中而黑奴與亞歷山德流西伯利亞

日本聞見錄

日本第五回內國勸業博覽會觀覽記

同鄉會會員

明治三十六年。即西曆一千九百〇三年三月日本開第五回內國勸業博覽會于大阪。蒐集全國產物及工作品以供學者之研究。并以驗近年之進步。誠日本維新以來未有之盛舉也。余于三月偕同學數人。因得備歷各館。既畢覽。乃喟然曰。博覽會者何。擴張商業與交通外國貿易之機關也。我國商業不振久矣。上之無商會也。下之無商學也。故商業不振。商業不振則國不富。不富則國無以自立。然則欲強國者。其非自商戰始哉。乃述所見。爲我同胞告焉。

博覽會者何。勸業場之聚集体也。故欲知博覽會者。不可不先言勸業場。勸業場者何。無數商店之團結体也。日本勸業場多不勝計。以東京言之。京分爲十五區。每區必有二三勸業場。而間歲則總成于博覽會。故博覽會者。全國勸業場之聚集體也。

陽曆四月一日。自東京新橋乘滊車向大阪行。以十七小時至。

二日。往博覽會場。場距旅館六里餘。日人誇此會爲第一盛舉。蓋以前四次會場占地之大小。比得計第一回

日本聞見錄

占地爲二萬九千八百〇七坪（一坪合中國六平方尺）此次占地共得十萬〇四千八十七坪實較第一回增至七萬四千二百八十坪可謂進步哉今將其第一回以至此回地坪比較于左。

第一回……二萬九千八百〇七坪

第二回……四萬坪

第三回……四萬三千三百坪

第四回……五萬〇五百五十八坪

第五回……十萬〇四千八十七坪

由地坪數比較之即可知其商工業之發達至其出品人數亦較第四回多二倍有餘云。

博覽會正門爲西北面門幅一千二百尺分爲三道門外有梅鉢形池池中裝置九頭青銅蟠龍噴水器墊以大龜爲大阪銅器商組合所出品此價一萬三千圓夜間電燈四放與噴水器相激射水電互搏忽紅忽黃發現種種之彩色。

入正門折而右則爲農業館農學于日本維新以來發達最遲然近五六年來農學博士學士輩出盡力研究。故此回所出品較之第四回大徵進步館內所陳列品目如左

一……植物類

二……動物類

三……製造飲食品
四……肥料
五……農業之方法
六……農業及農產製造器具
七……園藝
八……有益及有害動物
九……有害及有益植物
十……農商務省出品試驗成績表
十一……有害昆蟲消滅之方法
十二……有害昆蟲消除用器具

農商務省出品試驗成績表爲最多。有益及有害之昆蟲標本次之。肥料次之。肥料農業之本也。故日本近言農學者必先言肥料。我國農業之不發達。亦爲此耳。視畢轉至林業館。此陳列品目如左。

一……林產物
二……採取林產之方法之標本
三……林業之器具

日本聞見錄

四……林產地之模型

此我國虞人之所守也。今其職久廢。吾聞日本三十年前亦無之。斯學初發明于近今云。其次爲水產館。其品目錄如左

一……漁業
二……水產製造
三……海鹽
四……養殖
五……採取水產業之方法
六……日本各地漁船之標本
七……日本各地漁業狀况之標本
八……漁業之器具
九……水產

視畢出水產館。午餐。（館內有各種飲食店。以謀觀覽人之便利也。）少息。復觀溫室等。出折而右入通運館。其所出品如左

一……汽車

二……人力車
三……荷車
四……自轉車及馬車
五……日本各瀛船及軍艦之模型
六……各地郵便配送用鞄及車
七……各地郵便配達人狀況之模型
八……電報機
九……電話機

出。再入機械館。其陳列種目如下。

一……運動機
二……傳動機及機構
三……試驗機
四……電氣機械
五……水龍揚水機消防及火難救助器
六……乾燥及冷卻裝置

日本聞見錄

七……暖房器具

八……農林園藝及水產用機器

九……採鑛及冶金機器

十……化學工業機器

十一……染織工業機器

十二……製皂機器

十三……製茶機器

十四……印刷機器

十五……製絲機器

十六……工作機械器具

上所陳列機械皆倣歐洲無有自日本人發明者雖然日本維新以來不過三十年而歐洲一切造機方法皆己竊得之日本固盜竊之雄也若我國則幷盜之竊之而不能焉一笑次入美術館門口有觀音佛像之噴水器此噴水器直立于直徑六十尺之池之中央器仿楊柳觀音像高一丈六尺踞于丈餘之岩石上左手携柳枝右手持水瓶水直自瓶口出一小兒形托盤立受之一橫睡戲水一追三鷺以嬉水總計高水面二十尺幅亦二十尺乃東京美術學校生徒高村光雲河邊正夫諸氏所出品廼入館此館爲博覽會中最壯麗之建築

其陳列品有四。

一 繪畫

二 塑像

三 美術工藝

四 美術建築之圖案及模型

此出品大半爲東京美術學校生徒所製作出美術館折而左復折于右左則吾中國人所最傷心之臺灣館在焉其建築悉依清臺灣總督府之原式入門則庭園之中有戲臺也臺上置四人轎一兩傍有臺灣料理店(即酒肆)茶店中選幼女二十餘人衣中國服作堂倌嗚呼此已亡中國之一部國民也今志士日日向吾國道亡國以後狀述印度述波蘭筆墨所及何嘗不懍懍乎如親見而吾國人固以爲僞言今臺灣割歸日本事不越十年度今人皆能知之此回博覽館又皇皇建築于大阪之市吾國人來此者亦頗不乏觀者諸君此僞言乎此實言乎知是實言矣其自警否其自畏否其應如何謀救中國否嗚呼吾不能再言矣館內有臺灣人民出品物陳列場臺人歡笑酣嬉儼然一日本國民焉日本自甲午後至今歲乃開博覽會因佈陳其新領土之產物及人民生活之現象以自夸能彀同種之光榮也是館之右爲體育館陳列日本昔日之武器及近來各學校體育成績表幷置鐵棒木馬天橋隨意縱人游戲其隨時導人體育如此出體育館入教育館皆東京高等學校師範學校所出品其種目如左。

日本聞見錄

一……教器
二……國民讀本之種類
三……學術
四……醫學及衛生
五……動物之解剖
六……測定器
七……寫眞及印刷
八……建築
九……統計及經濟

次有工業館。其建築雄於別館。亦出品所繁多。分爲七種。

一……系及綿類
二……染織物類
三……採鑛及冶金
A……鑛物及土石
B……冶金製品

日本聞見錄

C…………雜作工品

觀畢。折入於右。則有大阪砲兵工廠及海軍省出品之巨礮數門。遂出博覽會正門。於是博覽會乃觀畢。

四日。游大阪各名所。晚再入博覽會。是日乃日本大祭日。夜間開場。各處皆燃電燈。甚爲美觀。非筆墨所能盡言。凡夜間開場日期。爲每星期六、星期三、星期及大祭日。

附錄

◎各館出品件數及人員表

館名	出品件數	人員
農業館	八五·四四七件	七一·五二二人
林業館	八·六〇八	五·五七〇
水產館	三一·一五一	一九·一一三
工業館	一七〇·九三八	四九·八九九
機械館	三·四九四	·七九〇
教育館	一二·三一七	三·五五六
動物館	·三九四	·二九八
通運館	一·七二六	·三三〇

（完結）

調查會稿

◎杭城報紙銷數表

報名	銷數	所銷處
▲中外日報	約五百張	官場商家學堂住民皆備
▲蘇報	約五十張	學堂爲多
▲新聞報	約二百三四十張	官場商家學堂住民皆備
▲申報	約五百數十張	官場商家爲多
▲杭州白話報	約七八百分	普通住民
▲新民叢報	約二百分	學堂學生爲多
▲譯書彙編（現改名政法學報）	約二百五十分	仝上

其餘上海日本新出各種雜誌日報設立未久尙未暢行故不列

◎杭州藏書樓書數表

各種書六百四十四部都爲九千四百三十八冊

各種圖表一百六十九幅

旬報日報等十二種

地球儀一具

庶物標本一具

◎杭州金融機關組織表（金融解詳本期經濟門題目下）

名別	家數	分業組織
票號	一	屬於官場財欵兌滙之事
銀號	五	屬於設爐鑄銀事
錢莊	大小約百數十	屬於市面錢欵出入兌滙事

右票號一。山西商人所設號名日昇昌開設杭城珠寶巷杭州商賈往來皆由錢莊

與票號出入者頗少故自日昇昌外無他設者銀號與錢莊無異惟以資本稍大勢力亦較充裕皆設銀爐鑄造元寶。列銀號表。

店名	所在地	組織成立
裕源	小井巷	杭商合股
開泰	大井巷	紹商合股
裕豐	周公井	杭州陸氏自股
裕泰	坍牌樓	杭州沈氏自股
保泰	河坊巷	合股
晉義	焦棋杆	合股
和記	柴木巷	合股
源豐潤	坍牌樓	合股

右銀號八家。屬於浙江布政使所屬地丁銀鑄造之事若借欵存欵及出入一切事例則皆與錢莊無異錢莊約杭城內大小二百數十家本部調查尚未盡得確實故

不列又此百數十家數內或以兌錢所得餘息爲生活或兼售煙膏此皆一無資本錢業社會未公認之故亦不列列其借貸出納之大概如左方

◎支金　凡錢莊支出之項分爲二種一曰現票即即日票可隨時向錢莊支取者一曰期票由錢莊指定期限而支取之但此種票亦可預期支取惟須納定期所距日息其用亦與現票同

◎存欵　凡以金存于錢莊錢莊則月與之息其息名曰子金卽息金亦分二種一曰隨時子金（俗稱聽掉期）一曰常盤子金（俗稱做常年）隨時子金無定數依市面需錢緩急由錢莊將存欵代貸市舖收其日息轉給錢主而自取一二成此日息多寡之數由錢莊于錢業會所定之每月期以三六九卽曰掉期若常息年利七分爲最大近年財政支絀亦有多至七八分者

◎貸金　卽借款借主欲向錢莊用錢欵須有人擔保之亦有直接錢莊不須保證者因於錢莊信任借主與否爲別

◎押欵　押款卽以物作抵所抵物田產貨物均可惟因利息之高低及借金之多

少而差此息最爲不等大約必在七八分之上錢莊不喜爲此

若杭州金融繁簡之期亦復不一。列表如左。

絲茶期每年四月以後

春秋納稅期春以四月秋以八月

歲暮收欵期杭例收欵分三期一爲端午一爲中秋一爲歲終惟歲終一期爲尤嚴自十月後迄十二月晦日金融升漲甚於平時

凡杭城錢業一切組織之事皆秉成於錢業會舘舘設杭城柳翠井巷公推董事一人司事四人必老于是業而又有勢力者自正月六日至十二月杪同業時會于此於商業之盛衰金融之狀况各舒意見以多數之數爲公定時價而布行于各同業

◎杭州放足會第二次調查信

杭州設立放足始末已紀入二期茲復得信如左。

▲放足會員之評議

(甲)凡幼女年及四五歲者會員有勸戒纏足之義務

（乙）凡成年婦人已纒足者會員有勸令放足之義務
（丙）協商放足免痛之方法
（丁）協商放足後所穿鞋履之式樣
▲開會後杭州平和黨之協議
（甲）先標明『奉旨不纒足』字樣
（乙）除去『會』字而附屬『善堂』爲其分支
（丙）當以『女學』爲放足會之天職
（丁）當改定『女子裝飾』
（戊）自各地鄉邑紳富家通婚始
計是日到會者凡八十餘人。別類如左。
已放足者十餘人
即時願放足者三十餘人
將來不願兒女纒足者二三十人

第二期刊誤表

正誤

葉數	行數	誤字	正字
四	一	而箇人	即箇人
四	一〇	則弱老	則弱者
九	三	中國規	中國現
九	五	之易行	之易行
一一	四	亙相投	互相投
一一	一〇	非可籍	非可藉
一二	二	不待煩	不憚煩
一四	七	之華奇	之華離
一六	一三	徒輟拾	徒掇拾
一七	二	淚泠泠	淚涔涔
一七	七	佇苦者	者字贅
一九	一〇	治政體	制政體

葉數	行數	誤字	正字
二〇	一一	之事業	之功業
二四	一〇	族民統	民族統
二四	一二	遂烘然	遂閧然
二八	九	非德得	非得德
二九	一	近相隣	近相連
三一	一〇	其頭臚	其頭顱
三三	六	彼愽士	彼博士
三四	三	參亙對	參互對
三九	三	力範國	力範圍
三九	四	切腑之	切膚之
四三	八	接光學	按光學
四三	一一	用此物	同此物

第二期刊誤表

頁	行	誤	正
四四	七	夫因其	夫固其
四五	三	屏息不	屏息而
四五	四	接聲學	按聲學
四五	四	正比例	反比例
四五	五	許進此	許過此
四六	五	與鬼下	脫神字
四六	八	何則	此二字贅
四七	二	大夫此	大夫所
四七	三	而薺列	而薺簇
四七	六	接磁氣	按磁氣
四七	九	旦據以	且據以
四八	四	會其通者	此四字贅
五四	一一	非無第	非無美
五五	九	其不知	其字贅
五六	一一	於漂淫	於漂搖
五七	五	龍纛之	龍纛之
六〇	六	之纛下	之纛下
六二	九	以估下	脫科字
六二	九	非東林	另行起
七〇	一二	之非割	不得割
七〇	一二	割讓下	脫之字
七〇	一三	祖借威	租借威
七一	一	非割	不得割
七二	六	亞起艇	亞起錠
八〇	六	其憑籍	其憑藉
八一	九	一統力	統一力
八四	六	搔亂之	騷亂之
八五	五	浪洶天	浪淘天
八八	五	技插之	技倆之
八八	五	闢草萊	闢草萊

		誤	正
八八	一三	德志意	德意志
九〇	一一	健之市	健之市
九一	三	俄因自	俄固自
九二	九	深忘者	深忌者
九二	一二	雖然俄	另行起
九三	六	俄士之	俄土之
九四	八	與之于	與之干
九四	一〇	德意者	者上脫志字
一〇一	六	而既徹	而既撤
一〇一	一一	凡貯滅	凡貯藏
一一三	一一	烏可不	鳥可不
一一四	三	與其下	脫還字
一一四	五	「」	贅
一一四	五	故從以	故從此
一一四	一一	之餘下	脫並字
一一五	七	于此頃	于此項
一一九	六	大國大	大藏大
一一九	一三	槃据吾	盤据吾
一二二	六	西增僅	增字贅
一二三	三	葡萄牙	葡萄牙
一二三	一三	入之英	入英之
一二六	五	爲黃銀	爲黃金
一二六	九	說又至	至字贅
一二六	一三	于學化	于化學
一二九	四	全因知	余因知
一二九	一五	匐然作	訇然作
一三〇	一五	又能而	而字贅
一三一	五	式十二	或十二
一三一	五	能勝交	能勝較
一三三	四	有西下	脫田字

第二期刊誤表

一三三	五	供覗覽	供觀覽
一三三	九	之雇度	之程度
一三三	九	大演技	其演技
一三三	一五	魂異之	瑰異之
一三四	七	以攻察	以攷察
一三四	九	若即度	若印度
一三五	三	文明進	文作進
一三七至一四三	三	路易設	設字皆贅
一三八	七	之潮流	之潮渙
一三八	一一	誰君如	諸君如
一三九	一	曰願製	曰願置
一三九	七	人長哭	人長笑
一四〇	一	竄身於	竄身於
一四〇	一	於蜒雨	於蜒雨
一四〇	六	擲還故	擲還故

一四〇	一三	如急兩	如急雨
一四一	六	復遺座	復移座
一四一	九	驅午羊	驅牛羊
一四一	一〇	是以拼	是以拚
一四一	一一	賀倍光	賀倍兒
一四一	一三	下雅妻	卡雅妻
一四二	五	爲悶慾	爲悶煞
一四六	三	蘭脫瓦	爾脫瓦
一四六	六	均握於	均歸於
一四八	四	食充牧	食充牣
一四八	一一	之始歸	之使歸
一四九	一	於於地	於其地
一五一	一二	風飃颸	風飄颺
一五二	八	猶海上	徧海上
一五四	五	波吹惱	波吹焰

頁	行	誤	正
一五五	六	開氣家	開氣象
一五六	四	楊塵垢	揚塵垢
一五六	五	全日狃	今日狃
一五八	四	魯生浙	魯生鯫
一五八	八	習銷麿	習銷磨
一六一	三	好檎詞	好擒詞
一六一	四	廻不倖	迴不倖
一六七	一一	建甁之	建瓴之
一六九	一	倉歆皇	倉皇歆
一七三	一二	會者三	會者七
一七三	一三	百餘人	十餘人
一七四	一一	柚娌恥	妯娌恥
一七七	一二		末七字皆贅
一七七	一三	便會國	便是國
一七八	六	若設不	若說不
一七八	一二	之麻雀	叉麻雀
一七八	一三	逢人勸	逢人勸
一八二	一一	始成能	始能成
一一二	一一	組織	此二字贅
一八三	一一	何具下	脫機字
一八四	三	Bight下或字贅	
一八七	八	以此下	脫爲字

附錄

人類談現已「付印」不日出書

開育社啓

是書爲日本理學博士坪井正五郎所著備述諸地方人類性質之同異及人種存在之原因爲今日講求人類學者不可不讀之書也

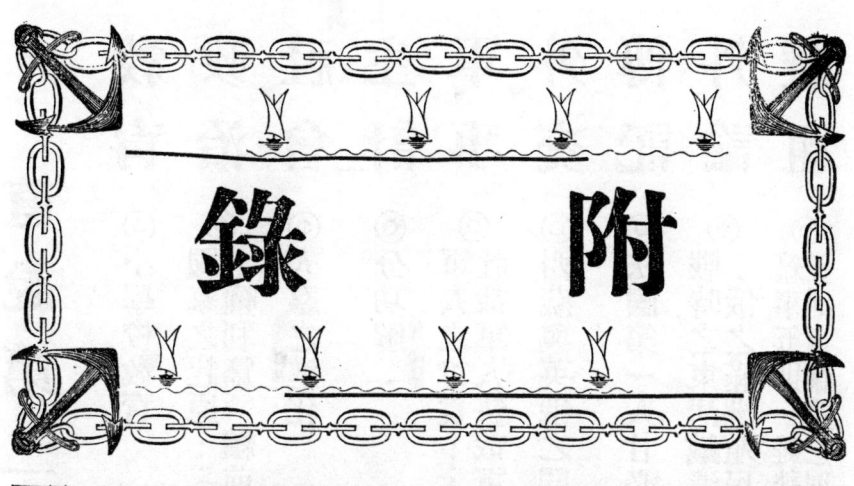

直說第二期目錄

本報自癸卯正月望日出第一期以後即按每月望日發行在東同人可向本社函索即當按期寄送在本國者可向各代售處購索全年大洋一元半年八角零售一角五分郵費按地遠近酌加若內地有願任本社代派者以八折計算但報資必須先惠本社或總經售處方便郵寄

總發行所　日本神田袋町九番地　直說編輯社

總經售所　天津北馬路名賢書畫局　楊星北先生

浙江同鄉留學東京題名

（癸卯三月調查）（凡告假歸國者姓氏上以*號別之）已故者以●號別之）

姓名	年齡	籍貫	到東年月	費別	學校及科目
錢承鋕 念慈	二十八	杭州仁和	光緒廿四年四月	本省官費	帝國大學校法科
吳振麟 止欺	二十五	嘉興嘉興	同年十月	同上	同上
王鴻年 魯璠	二十九	温州永嘉	同上	使館官費	同上
章宗祥 仲和	二十三	湖州烏程	同年十二月	南洋官費	同上
陳榥 樂書	三十	金華義烏	同年四月	本省官費	帝國大學校工科
*高淑琦 穀韓	二十五	杭州錢塘	二十五年二月	北洋官費	同上
董鴻禕 恂士	二十四	杭州仁和	二十七年四月	自費	早稻田大學校
王嘉禕 偉人	二十四	嘉興秀水	同上	本省官費	同上
陳威 公猛	二十四	紹興山陰	二十八年八月	自費	同上
吳鍾鎔 壁華	二十七	温州平陽	同年十一月	自費	同上
何燏時 燮侯	二十三	紹興諸暨	二十四年四月	本省官費	第一高等學校
陸世芬 中芳	二十九	杭州仁和	同上	同上	高等商業學校

夏循塏	爽夫	二十五	杭州仁和	二十五年五月	使館官費	東京法學院
任允	克任	二十六	杭州仁和	二十八年三月	自費	物理學校
郁延文	九齡	十八	紹興蕭山	同年五月	自費	同上
蔣方震	百里	二十一	杭州海寧	二十七年四月	自費	近衛步兵第一聯隊
蔣尊簋	伯器	二十二	紹興諸暨	同上	本省官費	近衛騎兵聯隊
高爾登	子自	二十二	杭州仁和	同年九月	自費	同上
李辰身	少垣	二十三	紹興餘姚	同年七月	地方公費	赤羽近衛工兵大隊
徐朝宗	海鄉	二十	紹興會稽	同年十月	四川官費	同上
金麒	季驄	二十	紹興山陰	同年十二月	自費	同上
錢稻孫	介眉	十七	湖州歸安	二十六年四月	自費	成城學校文科
孫海環	錦瞻	二十八	寧波奉化	二十七年十月	四川官費	同上
楊占春	藩卿	二十五	寧波奉化	同上	自費	同上
王佩文	級秋	十八	紹興上虞	同上	四川官費	同上
*沈沂	重堪	二十一	杭州海寧	二十八年一月	自費	成城學校陸軍
祝謙	叔和	二十六	杭州海寧	同年二月	自費	同上

游壽宸 越凡	三十一	溫州平陽	同年三月	南洋官費	成城學校陸軍
陳蔚 競立	二十七	溫州平陽	同上	同上	同上
林調元 贊侯	二十七	溫州瑞安	同上	同上	同上
黃瓚 仲玉	二十四	溫州瑞安	同上	同上	同上
柯佐清 輔卿	二十四	臺州黃巖	同上	同上	同上
柯森 叔芸	二十三	臺州黃巖	同上	同上	同上
周家誠 季訪	二十三	臺州黃巖	同上	同上	同上
程千青 雲生	二十八	臺州寗海	同上	同上	同上
祁文豹 蔚生	二十四	臺州寗海	同上	同上	同上
*章亮元 靜仙	二十七	臺州寗海	二十八年三月	南洋官費	同上
*蔣桂鳴 秋平	二十七	紹興	同上	同上	同上
汪櫟 劔虬	二十四	杭州錢塘	同上	自費	同上
經亨權 季衡	十五	紹興上虞	同年五月	自費	同上
張承禮 耀廷	十六	杭州仁和	同年七月	自費	同上
王凱成 旋孫	十八	杭州仁和	同年八月	本省官費	同上

陳其善 拜言	二十	杭州富陽	同上	同上	同上
石鐸 宗素	二十四	溫州樂清	同上	同上	同上
蘇耕桂 香圃	十七	寧波鄞縣	同上	自費	同上
蘇耕春 友益	十七	寧波鄞縣	同上	自費	同上
濮元龍 登雲	十七	嘉興嘉興	同上	自費	同上
傅彊 公權	二十五	杭州仁和	同年九月	自費	同上
傅銳 毋退	十七	杭州仁和	同上	自費	同上
陶成章 煥卿	二十七	紹興會稽	同年八月	自費	同上
陳毅 公俠	二十	紹興山陰	同年九月	自費	同上
吳仁山 靜涵	二十一	杭州仁和	同上	自費	同上
朱曜 旭初	二十四	杭州仁和	同年十月	自費	同上
張志軍 雄夫	十九	紹興蕭山	同上	自費	同上
湯檦 爾和	二十六	杭州錢塘	同年十一月	自費	同上
俞大純 省叄	二十三	紹興山陰	同上	南洋官費	同上
汪鎬基 京伯	二十	嘉興秀水	同上	自費	同上

蔣可宗	秋然	二十	嘉興秀水	同上	自費	同上
董紹祺	吉生	十九	嘉興秀水	同上	自費	同上
張邦華	燮和	二十五	杭州海寧	同年三月	南洋官費	弘文學院普通科
周樹人	豫才	二十一	紹興會稽	同上	同上	同上
汪與準	曙霞	二十三	杭州海寧	同年六月	自費	同上
施霖雨	雨若	二十三	杭州仁和	同年八月	本省官費	弘文學院普通科
韓永康	強士	十九	杭州仁和	同上	同上	同上
錢家治	均夫	二十二	杭州仁和	同上	同上	同上
周承菼	赤忱	十九	杭州海寧	同上	同上	弘文學院普通科
章毓蘭	馥亭	二十一	杭州富陽	同上	同上	同上
韓清泉	叔陶	十八	寧波慈谿	同上	同上	同上
沈祚延	芑舫	二十三	寧波慈谿	同上	同上	同上
許壽裳	季黻	二十一	紹興山陰	同上	同上	同上
壽昌田	拜耕	二十	紹興山陰	同上	同上	同上
厲家福	綏之	十九	杭州錢塘	同年九月	同上	同上

●宋希曾 省庵	二十三	紹興嵊縣	同年三月	自費	蠶業講習所
*鈕瑗 翔青	二十	湖州歸安	同年四月	自費	工手學校
張競仁 心穀	二十六	杭州海甯	同年三月	自費	正則英語學校
屠師韓 篆丹	三十六	嘉興秀水	二十九年二月	自費	正則英語學校豫備科
經亨淦 仲濤	二十二	紹興上虞	二十八年五月	自費	同文書院
經亨朮 叔偉	十六	紹興上虞	同上	自費	同上
王嶲基 樹卿	二十七	嘉興海鹽	同年六月	自費	同上
施瑞焱 錦銓	十六	甯波鄞縣	同年十月	自費	同上
黃曾鍇 瞰廎	二十二	温州瑞安	二十九年二月	自費	
黃曾延 勁齋	十八	温州瑞安	同上	自費	同上
黃曾銘 述西	十七	温州瑞安	同上	自費	同上
林大閭 劍秋	二十	温州瑞安	同上	自費	同上
*朱宗萊 布宣	二十三	杭州海甯	二十八年三月	自費	清華學校
周承德 翼舜	二十七	杭州海甯	同上	自費	同上
*宓秉鈞 鐵強	二十一	杭州海甯	同年四月	自費	同上

姚六元	伯和	十九	紹興嵊縣	同年五月	自費	清華學校
*葉景萃	叔衡	二十三	杭州仁和	同年八月	自費	同上
*嚴治	龍隱	二十	杭州仁和	同上	自費	同上
施紹堂	德南	二十五	湖州安吉	同年十月	自費	同上
丁嘉墀	拜堯	二十一	紹興山陰	同年十一月	自費	同上
潘國壽	君顒	十七	湖州烏程	同上	自費	同上
高平	運樞	三十二	紹興上虞	二十九年正月	自費	同上
經亨顒	子淵	二十八	紹興上虞	同上	自費	同上
虞褘祺	子瑤	三十七	寧波鎮海	同上	自費	同上
胡濬濟	沆東	十八	寧波慈谿	同年二月	自費	同上
李炳章	斐然	十九	杭州錢塘	同上	自費	同上
錢稼孫		十四	湖州歸安	二十六年四月	自費	高等師範學校附屬中學校
袁左	文白	二十四	杭州錢塘	二十八年正月	自費	測量專門有鄰塾
魏巍	仲吾	二十八	杭州錢塘	同年十一月	自費	同上
葉瀾	青漪	三十	杭州仁和	二十七年八月	自費	豫備入校

高爾翰 子周	二十四	杭州仁和	同年九月	自費	同上
袁翼 滌庵	二十三	紹興嵊縣	二十八年五月	自費	同上
閔灝 仲謙	十九	湖州烏程	同年四月	自費	同上
錢家沅 芷齋	二十	杭州仁和	同年八月	自費	同上
孫翼中 耦畊	三十三	杭州錢塘	同年九月	自費	同上
蔣林 抑卮	二十九	杭州錢塘	同上	自費	同上
汪希 素民	三十	杭州錢塘	同年十一月	自費	同上
*袁太 文漱	三十一	杭州錢塘	同上	自費	同上
鍾玉瑨 環岑	二十三	杭州錢塘	同上	自費	同上
蔣智由 觀雲		紹興諸暨	同年十二月	自費	
李瑞萱 壯飛	二十三	紹興蕭山	同上	自費	同上
張正邦 彥士	十七	溫州永嘉	同上	自費	同上
陳華 競生	十九	溫州平陽	同上	自費	同上
李延武 謀立	七	寧波定海	二十九年正月	自費	同上
吳嘉讜 子猷	十九	杭州錢塘	同年二月	自費	同上

沈王楨 羞儒		杭州海寧	同 上	自費	同 上
張 嘈 復元		台州天台	同 上	自費	同 上
龔國元 振公	十七	嘉興秀水	同 上	自費	同 上
趙之驄 伯聰	十九	湖 州	同 上	自費	同 上
趙之驤 伯襄	十八	湖 州	同 上	自費	同 上
孫 任 公俠	二十四	温州瑞安	同 上	自費	同 上
林大同 同莊	二十四	温州瑞安	同年三月	自費	同 上
林 潽 築髓	二十六	温州瑞安	同 上	自費	同 上
許 燊 鐵夫	二十五	温州瑞安	同 上	自費	同 上
丁 衡 保華	二十	紹興山陰	同 上	自費	同 上
夏張時田	二十四	杭州錢塘	二十八年十二月	自費	日本女子大學
※夏循蘭	九	杭州仁和	二十五年六月	自費	華族女學校
錢包豐子	十九	湖州歸安	二十六年	自費	帝國婦人協會

（附）壬寅卒業諸君題名（凡卒業而仍留東者於姓氏上作◎號已故者作●號以別之）

姓名	年齡	籍貫	抵東年月	卒業時期	學校及科目
富士英 意誠	二十四	嘉興海鹽	二十四年二月	二十八年九月	早稻田大學
吳錫永 仲思	二十二	湖州烏程	二十四年十一月	同年三月	近衛步兵第四聯隊見習士官
陳其采 藹士	二十三	湖州歸安	同上	同上	同上
舒厚德 質甫	二十二	寧波慈谿	同上	同上	同上
許葆英 伯明	二十六	杭州海寧	同上	同上	近衛野戰砲兵聯隊見習士官
華振基 祝三	二十四	湖州長興	二十五年二月	同上	近衛騎兵聯隊見習士官
程　勉 雲生	二十三	溫州永嘉	同年九月	同上	東京砲兵工廠
朱鼎彝 慈夫	二十一	溫州永嘉	同上	同上	大阪砲兵工廠
◎汪以鐘 毓臣	三十	嘉興秀水	二十八年五月	同年九月	弘文學院速成師範科
陳方鋝 鏘甫	二十五	杭州海寧	同上	同上	同上
姚廣福 澤甫	四十一	溫州永嘉	同上	同上	同上
錢振壎 普庵	三十七	溫州樂清	同上	同上	同上

項承椿 叔莊	三十四	溫州永嘉	同上	同上	同上
湯國琛 獻廷	二十八	溫州平陽	同上	同上	同上
王鎏 遠知	二十一	溫州平陽	同上	同年十一月	同上
章祖申 茝生	二十八	湖州烏程	同年九月	同上	同上
淩霆輝 公鋭	二十七	湖州歸安	同上	同上	同上

分校分府現在人數統計表

據癸卯三月調查已卒業及告假歸國者不入

學校 \ 府別	杭州	嘉興	湖州	寧波	紹興	台州	金華	衢州	嚴州	溫州	處州	總計
東京帝國大學	一	一	一				一			一		五
早稻田大學	一	一			一					一		四
第一高等學校					一							[illegible]
高等商業學校	一											[illegible]
東京法學院	一											[illegible]
物理學校	一				一							[illegible]
近衛步兵聯隊	一											[illegible]
近衛騎兵聯隊	一				一							[illegible]
近衛工兵大隊					三							[illegible]
成城學校	一〇	四	一	四	六	五				五		[illegible]
弘文學院	八			二	三							[illegible]
正則英語學校	一	一										[illegible]
同文書院		一		一	二					四		[illegible]
清華學校	二		二	二	四							[illegible]
高等師範附屬中學校			一									[illegible]
測量專門有隣塾	二											[illegible]
豫備入校及卒業後留東者	九	二	三	一	四	一				六		[illegible]
日本女子大學	一											[illegible]
帝國婦人協會			一									[illegible]
總計	四〇	一〇	九	一〇	二六	六	一	〇	〇	一七	〇	[illegible]

◉外（卒業歸國者十五人
告假歸國者十一人
歸國已故者二人）

新民叢報第貳拾玖號目錄

三月十四日定期發行

發行所　橫濱山下町百五十二番　新民叢報社

江蘇告白

門類

圖畫一

社說二

學說三（政法、教育、軍事、衛生、實業、哲理、歷史、地理）

譯篇四（門目略同學說）

小說五

時論六

記事七（本省、內國、外國、留學界）

記言八

雜錄九

廣告十

刊例

一本誌爲江蘇同鄉會所發刊以輸進文明於內地爲旨

一本誌之編撰員由留學日本之江蘇學生擔任之

一本誌每冊約六七萬言洋裝百二十頁左右陰歷每月望日發行

售例

一全年售大洋二圓五角半年一圓三角零售每冊二角五分遠處郵費照加

一欲購本誌者請向本誌總發行所或各分售處購取

一如有願代派本誌者請函知總發行所十分以上九折三十分以上八折

第一期概目 陰歷三月望日發行

發刊辭

圖畫●江蘇同鄉會撮影

社說●江蘇改革之方針。理想之新黨。哀江南

學說●政體進化論。泰西教育家語錄。軍事學。說腦上。江蘇工業之前途

譯篇●釋盧騷非開化論。强兵一策。巖鼈蛇傳

小說●破裂不全之小說。空中旅行

時論●黃禍豫測。其他

記事●本省要聞。內國要聞。外國要聞。留學界雜錄

總發行所 江蘇編輯部 日本東京神田駿河臺鈴木町十八番

總經售處 文明書局 上海四馬路胡家宅

教育志叢第一編

青年教育

近刊

車之於輪舟之於柁四肢百骸之於空氣也猶教育之於精神也歐洲今日之種種科學有胎息於印度者是印度何嘗無教育而今亡矣曰惟無精神故有發源於亞剌伯者是亞剌伯何嘗無教育而今弱矣曰惟無精神故支那二千年來帝王提倡之儒生鼓吹之學界奴性根深柢固今當廿紀劈頭初優勝劣敗天演日亟青年青年茍猶蔑視人格墮落萬丈坑中而不一求解脫棟折榱崩嗟何及矣是書專激發青年使養成獨立自尊不撓不屈之精神爲主義爰亟譯之以餉我同志對症發藥或將是賴

教育志叢第二編

國家教育

近刊

嗟我同胞非問難於老學究即受業於宣教師而其結果甲則崇拜古人乙則崇拜外人求其卓然特立保我國粹者曠世罕聞是豈學於人之害耶抑不知所以學之害耳日本以學於我而開化學於歐美而進化其所以得成今日之日本者以其民皆以大和魂爲性質足以保其國之粹也是書爲日本初興教育之事雖事事借資於人仍事事不忘乎己洵足爲我國教育前車之鑑爰急譯之以供世之有心教育者

教育志叢第三編

教育原理

近刊

是書爲日本東京專門學校文學教育科講義抉歐美大教育家之精義網羅薈萃而成爲製造國民之基礎學凡體育智育情育德育及設立學校之原理靡不委曲詳盡言之娓娓經海門季君譯出言簡意賅文筆暢適我國志士熱心教育者果一閱此則理想之發達教法之精良什佰疇昔無俟贅言現已印成不日出書

教育志叢第四編

社會學提綱

是書爲美國吉登葛斯原著溧陽吳建常重譯自個人之交際以至團體之集合其間若社會之本質活動發達等無不探源擷要闡述無遺理論精深譯筆犀利洵哲理中之佳品也

定價　大洋二角五分　洋裝全一册

敝所蒙　貴國留學諸賢囑印政法學報教科書不下數十種其紙質之精良墨色之鮮明字跡之端整業承

貴國朝野士紳謬相稱許邇來遠道函託者尤覺絡繹不絕當益自奮勵廉價製造無論面訂函商俱能尅日應需特將營業種類列後倘蒙光顧不勝榮幸之至

活版部　東西書籍　各種帳簿　東西圖板　新聞告白　網目板　亞鉛板　旬報　電氣板之類

石印部　地圖　票據　滙票　告白　公司股票　各種商標　肉筆印刷　一切圖畫之類

照相部　照相製印刷銅板　三色版　照相板　美術板

日本東京淺草區黑船町廿八番地

東京並木活版所

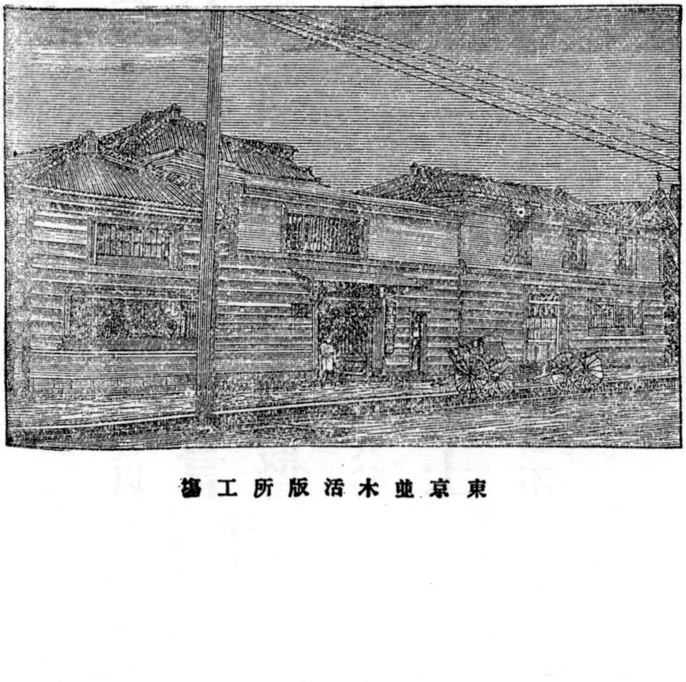

東京並木活版所工場